ニーチェe

Nietzsche e

溝口隆一
Mizoguchi Ryuichi

ふくろう出版

はじめに、であり、おわりに、である。

一

タイトルで遊ぶのが本シリーズの恒例となっているが、本書のタイトルはストレートである。『ニーチェe』の「e」は、なんのひねりもなく、ニーチェの中心的な思想「永遠回帰」のことだ。そのかわりというわけではないが、本書は内容で遊ばせてもらった。なんと本書は、フィクションを中心に構成されているのだ。フィクションと論文と評論と配信保存欄で本書は練成されている。

当初、エッセイを中心に講義録と論文を加える予定でいた。だが、エッセイ用に書いた文章は、語り手がわたし自身とはいえないものであった。そうなると、もうエッセイの枠をこえている。直そうかとも思ったが、フィクションでいいやと思いきった。もともと、わたしという概念に対する批判的考察をひとつの売りにしてきた哲学が、論文でもエッセイでもわたし語りを垂れ流すのはどうもなあと感じてきた。そんな違和感が、わたしをフィクションに向かわせたのだ（たぶん）。どうせ自分の授業で教科書にするのだから、フォローはどうとでもできる、という甘えた計算もある。

フィクションのなかに、講義録のために用意した素材を落とし込んだ。また、高校の倫理社会の教案から立ち上げた授業風の文章も使っている。それは当時の（十年以上前の）教材に基づいているので、情報としては古い。しかし、アップデートはしなかった。というのも、高校の教科教育は今も昔もアバウトであろうし、それはそれで問題ないからだ。大学の授業担当者としては、間違っていてもいいので、学習テーマについてのなんらかのイメージを学び手にもっていてほしい。そのイメージの誤謬を訂正しイメージ全体を洗練していく流れで、授業を展開できるからだ。イメージをまったくもたない学び手は、学習過程がはじまりさえしていないゼロの状態だ。それは教師にとってタフな相手だ。マイナスをプラスにするのも大変な仕事だが、ゼロを1にするのは人知を超えた奇跡の領域に属する。

論文「関係的思想としての「永遠回帰」の定式化の試み」と「『ツェラトゥストラはこう言った』における永遠回帰」、評論「ニーチェ論と暴力」は、元々は学会発表用の原稿である。枝葉を落とすと別ものになりそうだったので、今回は文言を整えるだけにした。発表原稿は、口頭でのアドリブに対応できるように情報を多めに入れている。だから、実際の発表よりも情報過多で論旨がトレモロする。このゆらぎも科学ならざる学問のよさだと最近は思っているので、これでよしとした。というか、本書では、この発表自体、わたしではないキャラクターによる空想の発表という位置づけなので、わたしがあれこれ手を加えるのもどうかというのもある。

『ニーチェ1』と『ニーチェ＋』では配信保存欄を省いたが（ページ数が予定より多かったので）、本書では復活させた。これがあるとなにかと便利なのだ。授業で配ったプリントを貼ったり、なにも見ずにピカチュウを描けとかの課題のためなどに使う予定だ。

二

以前から、哲学の入門書のたぐいには疑念を抱いていた。その多くが、哲学史の歴史的事実と専門家の使う用語の説明とでできている。でもそれでは、文化史のマイナー領域や特殊な日本語の辞書にしかならない。当方は哲学科の先生ではない。教える相手は、ちょっと哲学ってどんな感じかと思ってという程度の関心の学生さんである。そんなお客さんに、カントは『純粋理性批判』でヘーゲルは『精神現象学』だなんて、一問一答の問題集みたいな知識を教え込んでもむなしくなるだけだ。目の前のほとんどの学生が、一生で一セメスターだけの哲学とのお付き合いになる。それなのに、歴史と国語で授業時間を消費するのは、学生にも哲学にも失礼である。よし、今後は哲学だけを教えよう！と決意したところで、困った。わたし自身がずっと哲学史と専門用語の解説で授業時間をごまかしてきたのだ。本当の哲学なんて教えたことがない！　なんだ、エラそうに入門書批判なんかして、わた

はじめに、であり、おわりに、である。

し自身が哲学教師をちゃんとやってないじゃないか！ バカバカ、わたしのバカ！……ということで、懺悔の意味も込めて、本書では本気で哲学だとわたしが考えているものを提示している。哲学ってどんな感じ？ という問いに、こんな感じとイメージで返答する。そんなガチな対応が、フィクションという遊びになった。だから、タイトル同様、実は内容的にも、本書はストレート勝負なのかもしれない。

三

本書を読む前に読んでおいて欲しいテクストが二つあるので引用しておく。

エピクロスがやったように物質を無限と想定しないで、それを有限と想定してみよう。有限の数の分子は、有限の転移だけを受けつけるのだ。そこで永遠の持続の中で、あらゆる可能的な序列ないし位置が無限の回数にわたって試みられずにはいないということが生ずるはずだ。だからこの世界は、もっとも微細な出来事さえも含めて、その一切の出来事もろとも、これまで産出され破壊されてきたのだし、またなんらの制約や制限なしに再び産出され破壊されるだろう。（デイヴィット・ヒューム著、福鎌忠恕／斎藤繁雄訳『自然宗教に関する対話 ヒューム宗教論集Ⅱ 新装版』法政大学出版局、二〇一四年、九〇頁）

これは経験論で有名なヒュームの仮想対話劇の一部である。懐疑主義的な傾向のある登場人物フィロが、エピクロスの原子論的世界観を変形して別の世界観を構築してみせる場面だ。次はニーチェのテクストから、孤独な人をつけまわすデーモンのセリフ。

お前が現に生き、また生きてきたこの人生を、いま一度、いなさらに無限回にわたって、お前は生きねばならぬだろう。そこには新たな何ものもなく、あらゆる苦痛とあらゆる快楽、あらゆる思想と嘆息、お前の人生の言いつくせぬ巨細のことども一切が、お前の身に回帰しなければならぬ。しかも何から何までことごとく同じ順序と脈絡に従って、—されば この蜘蛛も、樹間のこの月光も、またこの瞬間も、この自己自身も、同じように回帰せねばならぬ。存在の永遠の砂時計は、くりかえしくりかえし巻き戻される—それとともに塵の塵であるお前も同じく！（フリードリッヒ・ニーチェ著、信太正三訳『悦しき知識 ニーチェ全集８』ちくま学芸文庫、一九九三年、三六二頁と次頁）

この二つのテクストの比較検討はなかなかおもしろそうだ。でも、ここでやりきるのはスペース的に難しい。というわけで、続きは授業で。では！

二〇一九年一月二日の大いなる正午 南伊東にて 溝口隆一

ニーチェ e
目次

はじめに、であり、おわりに、である。……i

関係的思想としての「永遠回帰」の定式化の試み……1
はじめに……2
第一章　「幻影と謎」の章における門道上のツァラトゥストラの語りと「永遠回帰」の世界観的内容……3
第二章　ツァラトゥストラの人物規定と「永遠回帰」の世界観的内容に対する関係……6
第三章　伝達という関係性の教説としての「永遠回帰」の構造……11
おわりに……16

いつかどこかの教室で……23
第一講　ある神話……24
第二講　ある神話殺し……33

第三講　ある留学生……38

ニーチェ論と暴力……53

はじめに……54
1　ダントーのニーチェ論の立場……56
2　ダントーのニーチェ論の特徴……64
おわりに……72

センチメンタル・メロンパン……77

序……78
第一部　メロンは走れません……81
第二部　スタンドはいつも側にいる……94
第三部　時をかける前の吸血鬼……113
再びの序……131
再々の序……132

吸血鬼の時間外学習、あるいは博学なシカの補習授業 …… 135
補習・一 …… 136
補習・二 …… 139
補習・三 …… 141
補習・四 …… 143
補習・五 …… 148
補習・六 …… 153

『ツァラトゥストラはこう言った』における永遠回帰
―キャラクターとしての、根本概念としての― …… 171
はじめに …… 172
Ⅰ　悲劇かパロディか …… 175
Ⅱ　自己論 …… 176
Ⅲ　『ツァラトゥストラはこう言った』のキャラクターの「自己」の分析 …… 189
おわりに …… 194

関係的思想としての「永遠回帰」の定式化の試み

（二〇〇〇年発表、二〇一九年改題・修正）

はじめに

本稿の目的は、『ツァラトゥストラはこう言った』に表現されている「永遠回帰」を、思想の伝達という関係性を軸に構築された教説と捉え、その構造を、主に『ツァラトゥストラはこう言った』の「幻影と謎」の章における、門道上のツァラトゥストラの語りの解釈を通して、明らかにすることである。最終的にその構造は、$x + a_n + E_{n-1} = E_n$という数列的な形式で表されるが、こうした数学的な表現は、「永遠回帰」の構造を簡潔に示す比喩として選ばれたのであり、教説の数学的な領域への還元が意図されているのではない。

従来、「永遠回帰」は、主として円環的な時間構造の理論としてか、もしくはニヒリズム克服の方法を示す倫理的な教説として理解されてきた。しかし、そのように解する場合、ツァラトゥストラが教師である（KSA 4, 275）意味が曖昧になり、この教説の発想当初より存在した「教える」契機[1]の重要性が見逃されることになる。また、ツァラトゥストラが初めて直接的に「永遠回帰」に言及する「幻影と謎」の章の構成が、重力の精神（侏儒）に向かって語るツァラトゥストラの寓話を、ツァラトゥストラが航海中の船上で船乗りたちに語る寓話という、伝達行為を強調した形になっている点を考えても、「永遠回帰」は、伝達という関係性を軸にした教説として捉え直されるべきなのである。

本稿は、この関係性の教説としての「永遠回帰」を、次のような手順で解明していく。まず、第一章において、伝達の様子と、伝達される思想、すなわち「永遠回帰」の世界観的内容を知るために、「幻影と謎」の門道でのツァラトゥストラの語りを解釈する。第二章において、世界観には還元できないツァラトゥストラの語りの余剰から、伝達者であるツァラトゥストラの人物規定、さらにはこの人物と世界観との関係を明確にする。そして最後に、門道上のツァラトゥストラの語りにおける「永遠回帰」の構造を、等式や方程式の形式にまとめたうえで、その形式を、『ツァラトゥストラはこう言った』全体で提示されている「永遠回帰」の構造を示す数列の形式へと発展させる。

第一章　「幻影と謎」の章における門道上のツァラトゥストラの語りと「永遠回帰」の世界観的内容

「幻影と謎」の章において、ツァラトゥストラは、時間が円環構造をなしているという重力の精神の安易な断定[2]に怒りながら、「永遠回帰」へのあからさまな関与を開始する。それが、「瞬間」という名を掲げる門から自分たちの後方へ長い小路が続いていること[3]、すなわち空間的比喩で表現された過去への言及から始まるのは、彼が、既存のものの救済者でありながら、その役目を果たせずにいる（KSA 4, 179）という、文脈が存在するからである。こうした文脈を受けて、ツァラトゥストラの語りは次のように続く。

すべての事物に関して走ることのできるものは、すでに一度この小路を走ったはずではないのか？　すべての事物に関して生じることのできるものは、すでに一度生じ、行なわれ、走り過ぎたのではないのか？

そして、もしもすべてがすでに存在したのであるとき、侏儒よ、おまえはこの瞬間についてどんな意見を持つのか？　この門道もまたすでに――存在したはずではないのか？（KSA 4, 200）

「走ることのできるもの」「生じることのできるもの」とは、世界の事物のうちでそうしたことが「できる」もののことではない。彼は、「万物は流転する」（KSA 4, 252）と信じる運動の世界観の持ち主であるから、「走ることのできるもの」「生じることのできるもの」とは、世界の全事物のことである。引用の一行目で述べられているのは、こうした「できる」ものが、過去にその能力を発揮し、その存在を自ら証明したということである。この「できる」が、現在形で表現されている点を強調して言い換えるなら、現在の存在するための能力、もしくは、時間的限定を受けないその能力が、過去にすでに発揮され、その能力の所有者の存在が示された、ということである。こうした過去と現在の混合は、二行目において、現在が過去に吸収されることで完成する。つまり、「できる」ものを「すべて」という表現に一括し、ツァラトゥストラは、現在の過去化という突飛な結論に進む。この結論に至る表現が疑問文であるところに、この結論が仮説であることの自覚と、この結論に近づきたくないという感情が示されている。ツァラトゥストラは、この結論を、疑問形によって重力の精神に訴えかけているが、時間の円環性を当然の真理とみなす重力の精神にとっては、大仰な修辞に聞こえることであろう。

こうした過去の拡大は、現在に留まらない。ツァラトゥストラは、同じような大仰さで、こう続ける。「到来するすべての事物」が「この瞬間」とつながっており、しかもそのつながりの先にまた、「この瞬間」があるのではないか。「走ることのできるもの」は、「もう一度」先へと走らなければならないのだから。[5] さらにツァラトゥストラは続ける。彼本人と重力の精神という登場人物、二人の間で交わされた会話という出来事、「月光」「蜘蛛」「門道」といった背景、こうした現在が、すでに生じたことのある過去ではないのか。そして、今後何度も生じる未来ではないのか。[6] このように、ツァラトゥストラは、過去を未来に拡大させ、「月光」や「蜘蛛」[7]といった具体的なものを含む状況の回帰という見解を、情念的な疑問形で提示していく。

こうしてツァラトゥストラの語りを追ってみると、この語りは明らかに、重力の精神の断言する時間の円環性とは別の世界観を論証するものではなく、むしろ、それと同じ世界観の真理性を前提にしたものであるとわかる。想像力の豊かな解釈者なら、その内容を要約的に示すこともできるであろう。すなわち、共時的につながった世界の全事物は、円環をなす時間の展開のなかで、まったく同じ順序、同じ組み合わせで何度も生成する。[8] もちろん、この要約を裏付けるためには、少なくとも遺稿の「力」

の理論[9]に助力を頼まねばならないし、おそらくは、そうしても、この世界観を十分に説得力のある理論に再構成することはできない。しかし、こうした理論としての不完全さは、「永遠回帰」という教説全体にとっての致命的な弱点とはならない。というのも、この教説の重点は、その世界観的内容そのものではなく、それに対するさまざまな関係の仕方に置かれているからである。もし『ツァラトゥストラはこう言った』という作品の価値を認めるなら、ツァラトゥストラの語りの大部分が、世界観の構築にとっては不必要な、彼のこの世界観に対する個人的な感情や姿勢を示す表現であることにも、積極的な意義を見出さねばならない。つまり、ツァラトゥストラ独特の世界観への関係が明らかにされなければ、ツァラトゥストラの語りを十分に解釈したことにはならないのである。

第二章　ツァラトゥストラの人物規定と「永遠回帰」の世界観的内容に対する関係

前章で述べたように、ツァラトゥストラは、重力の精神による「永遠回帰」[10]の世界観への言及に怒りを覚えている。また、彼の仲間の鷲と蛇の語る、同様の趣旨の発言にも、苦しみを傍観していたのかと皮肉な調子で答えている。[11]しかし、鷲と蛇の発言は、「永遠回帰」の世界観の内容についての端的な表現であり、前章で検討したツァラトゥストラの語りと比べて、世界観的な意味内容の伝達において、劣ってはいない。大きく異なっているのは、世界観の内容ではなく、世界観との関係の仕方である。すなわち、鷲と蛇は、重力の精神と同様に、「傍観する」のに対して、ツァラトゥストラは、いわば当事者的な態度で関係する。では、この当事者性は、どのような詳細を有するのか。彼独特の人物規定を手掛かりにして、その詳細に迫ってみたい。

第一節　既存のものを意志する者との仕事という関係

前述のように、ツァラトゥストラは、既存のものの救済を目指している。[12]「偶然の救済者」（KSA 4, 179, 248）とも自称するツァラトゥストラが、直接的に救済の対象としているのは、断片的で偶然的な既存の人間たちである。ツァラトゥストラは、そうしたものたちを「一つのもの」（KSA 4, 179）に総合すること、つまり、その「一つのもの」の素材として役立てることで、人間たちの生存に意義を与えようともくろむ。しかし、この救済には、過ぎ去ったものを意志するという困難があり、この困難は、「幻影と謎」の章にも、課題として引き継がれている。[13] 彼にとって、「永遠回帰」の世界観的内容は、意志すべき対象である過去の増大や過去に意義を与える未来の消滅を意味する。そこで、課題の達成という仕事の観点から、彼はこの世界観に関心をもたざるを得ない。

つまり、こういうことである。ツァラトゥストラは、既存のものを意志するという課題の担い手であり、それが彼の人物規定である。そして、この人物規定を有するが故に、彼にとって「永遠回帰」

の世界観的内容は、自分の課題を達成するという仕事の途上に現れた障害となる。したがって、この規定と世界観との関係は、仕事である。

第二節　人間に「嘔吐」する者との恐怖という関係

ツァラトゥストラは、「来るに違いないものの予見者」として、いわば未来の立場から、「今のものとかつてのもの」、すなわち既存の存在者に厳しく対峙し、それを「私の最も耐え難いもの」であるという。[14] つまり、彼にとって、現在と過去は、基本的に否定されるけれど、そこから未来が生じるので、その点でのみ肯定される。例えば、「生」の本質を自己超克的な「力への意志」とする考え方（KSA 4, 146–149）は、既存のものからの未来の発生を保証するという点で、彼にとって、この世への希望の源となる（KSA 4, 181）。それに対して、「永遠回帰」の世界観的内容は、未来の存在を否定するが故に、恐怖の源となる（KSA 4, 200f.）。しかし、この否定が単なる困難ではなく、恐怖という感情を呼び起こすためには、別の根拠が必要となるであろう。それが、人間に対する強烈な「嘔吐」感である。[15] この人間に対する「嘔吐」感によって、「永遠回帰」の世界観的内容は、恐怖の源に変わる。というのも、この世界観が正しいとき、「嘔吐」の対象である人間たちは、運命的にツァラトゥストラと結ばれた者たちであり、彼の人生から永久に排除できないことになるからである。[16]

ツァラトゥストラは、人間に対する「嘔吐」感の保有者である。この人物規定を有するが故に、彼にとって、「永遠回帰」の世界観は、「嘔吐」の対象の無限回帰を予告する恐ろしいものとなる。したがって、そこにある関係は、恐怖である。

第三節　自らの教育への欲望のために教える者との欲望の肯定という関係

既存のものを意志するという課題と人間に対する「嘔吐」感の保有は、ツァラトゥストラに特有な人物規定に属する。しかし、人物規定がこれに尽きるなら、彼の作品中の行動は不可解なものとなる。というのも、理論的な説得力がないうえに、望ましくない課題や感情をもたらす世界観に、彼がこれほどまでに拘泥する理由はないからである。この理由となる人物規定は、作品の冒頭と結末に示されている。

おまえ、偉大な天体よ！　おまえの幸福がなんなのだ、もしおまえが照らすものを、おまえがもたないならば！（KSA 4, 11）

この物語冒頭の言葉は、物語の終盤（KSA 4, 405）でもくり返される。「偉大な天体」とは、太陽のことである。知恵の比喩である光を過剰に与える太陽に向かい、ツァラトゥストラは、孤独な山の生活を切り上げ、知恵を贈り与える者となる決意を語っている。こうした教育への欲望の吐露に始まり、同じ欲望の吐露に回帰してくる物語の展開から、ツァラトゥストラが、「永遠回帰」の世界観的内容との対決を通して肯定したのは、この教育への欲望であるとわかる。

この肯定は、ツァラトゥストラに太陽の有する幸福をもたらす。しかし、「永遠回帰」の世界観的内容が正しいと前提されるとき、この肯定は、幸福だけではなく、「嘔吐」すべき人間を含めた、「すべてのこと」を対象としなければならない[17]。教師ツァラトゥストラの教え子の大多数は、この「嘔吐」すべき人間に属するに違いない[18]。それ故、ツァラトゥストラは、人間のために教える教師とはなり得ない。彼を動かすのは、教える側の知識の過剰から生じる教育への欲望であり、また、彼の教育活動は、「生理的欲求（Notdurft）」（KSA 4, 279）によるものである[19]。つまり、ツァラトゥストラは、「排泄」をも意味する言葉で表現される、自らの教育への欲望のために教える教師である。この人物規定を有する者として、ツァラトゥストラは、「永遠回帰」の世界観的内容に接近する。そこで彼は、教育への欲望と、それによってもたらされる幸福の回帰を望むのであり、最終的にはその願望の強さが、人間への「嘔吐」感を凌駕する。それ故、ツァラトゥストラは、説得力もなく望ましくもない世界観を手放せない。要するに彼は、この世界観を正しいものと認めたいのである。

第一節からここまでの解釈によって、ツァラトゥストラの当事者的な関係の仕方の詳細が、彼に特定の人物規定とのつながりで明らかとなった。すなわち、第一に、ツァラトゥストラは、既存のものを意志するという課題の担い手であり、第二に、人間に対する「嘔吐」感の保有者であり、第三に、自らの教育への欲望のために教える教師である。第一の規定を有するツァラトゥストラにとって、「永遠回帰」の世界観的内容は、課題を達成するという仕事の途上にある障害であり、この規定と世界観との関係は、仕事である。第二の規定の彼にとって、この世界観は、「嘔吐」の対象の無限回帰をもたらすものであり、そこにある関係は、恐怖である。そして、第三の規定の彼にとって、この世界観は、教育への欲望の無限回帰をもたらす望ましいものであり、そこでの関係は、欲望の肯定である。

第三章　伝達という関係性の教説としての「永遠回帰」の構造

第一節　「幻影と謎」の章における門道上のツァラトゥストラの語りにみられる「永遠回帰」の構造

門道でのツァラトゥストラの語りにおける「永遠回帰」は、ツァラトゥストラという特定の規定をもつ人物が、「永遠回帰」の世界観的内容と独特の当事者的な関係を結ぶ教説である。[20]すなわち、この「永遠回帰」は、ツァラトゥストラと世界観の二つの定項的な関係項が関係している全体と捉えられる。このような「永遠回帰」の構造を浮かび上がらせるために、この構造を等式で示すなら、ｚ＋ｅ＝Ｅという形式が考えられる。このとき、ｚはツァラトゥストラ、＋は、前章で明らかにしたツァラトゥストラの当事者的な関係、ｅは、第一章で推定した「永遠回帰」の世界観的内容、Ｅは「永遠回帰」を表す。

しかし、この形式は、ツァラトゥストラの世界観との関係が、重力の精神による世界観との関係に媒介されていることを表していない。この媒介を考慮に入れるとき、上の形式は次のように変更されねばならない。すなわち、ｚ＋（ｚｗ＋ｅ）＝Ｅ。このとき、ｚｗは重力の精神を表し、丸括弧は、それに囲まれた領域内の関係が、外側の関係よりも先行していることを示す。また、このとき＋は、前述のものとは異なる意味をもつ。当初この記号は、ツァラトゥストラの世界観的内容に対する当事者的な関係を表すものであった。しかし、ｚｗが議論の対象となった時点で、＋の意味するものは、「永遠回帰」の世界観的内容に対する不定の関係とみなされねばならない。というのも、そうでなければ、ｚｗ＋は、作品内の論理において不可能な事態を表してしまうからである。ツァラトゥストラの当事者的な関係は、ツァラトゥストラの関係であり、重力の精神の関係ではない。

ところで、等式が作品にきちんと対応しているなら、前述の形式中の丸括弧は、一般的な等式の変形と同様に、外せるはずである。そこで、単純に外した場合、形式は、ｚ＋ｚｗ＋ｅ＝Ｅとなる。ただし、この形式の意味の取り方は、一般の等式とは異なる。というのも、＋は、必ず、ｅとつながらねばならないからである。その点を考慮に入れると、この形式は、ｚ＋ｅ＝Ｅと、ｚｗ＋ｅ＝Ｅに、分離すべきように思える。しかし、その場合、ｚ＋（ｚｗ＋ｅ）＝Ｅを持ち出した動機、すなわち、ツァラトゥストラの世界観との関係の、重力の精神の世界観との関係による媒介性を比喩に反映させようという動機は、無視されることになる。

こうした問題状況に対して、「eを含む丸括弧は外せない」という補足を付け加えるという解決策が考えられる。[21] 少なくとも、この解決策によって、比喩の等式的な形は維持できるし、等式に盛り込みたい事柄の取り落としもない。そこで、この解決策に従い、門道上のツァラトゥストラの語りにおける「永遠回帰」の構造の比喩を整理すると、次のようになる。すなわち、z＋（zw＋e）＝E、ただしeを含む丸括弧は外せない。

第二節　『ツァラトゥストラはこう言った』における「永遠回帰」の構造

前節で得られた形式は、そもそもツァラトゥストラの門道上での語りを捉えているにすぎない。では、『ツァラトゥストラはこう言った』の全体を考慮するときにも、比喩の等式的な形は維持できるのであろうか。

前述のように、「幻影と謎」の章は、ツァラトゥストラが重力の精神に対して「永遠回帰」について語るという寓話を、ツァラトゥストラが航海中の船上で船乗りたちに語るという寓話である。この二重の寓話における「永遠回帰」を等式で表すと、当然船乗りたちを考慮に入れるので、二重に括弧を使った形になる。すると、内側の括弧と外側の括弧の意味をめぐって、議論の必要が生じてくると推測できる。しかし、こうした方向へ議論を進めても、補足事項の増えた煩瑣な比喩が得られるだけであろうから、効率的とは思えない。このように、考察の範囲を章全体へと拡張しただけで、等式の比喩の維持は困難に直面する。

振り返ってみると、等式の形に拘泥する議論が暗礁に乗り上げるのは、新たに考慮すべき関係項の出現を切っ掛けにしている。では、こうした未知の関係項の数には、限界があるのだろうか。『ツァラトゥストラはこう言った』の直接的な表現をみる限り、第四部における状況、すなわち、鷲と蛇が高人たちに永遠回帰を伝授し[22]、その高人たちをツァラトゥストラが価値判断する、という状況が、もっとも複雑な事態である。しかし、ツァラトゥストラが有名人であり、教師であることを考えると、関係項が無数に増え、その関係項同士が複雑に関係し合うという状況まで、作品は想定していることになる。前述のように、「教える」こと、つまり伝達は、この教説に発想当初から属する特徴である。そのことを考えると、この想定は無視できない。したがって、未知の関係項の数は限定できず、等式の比喩は、幾重にも丸括弧を用いた長大な形式になるしかない。

この行き詰まりを打開するためには、比喩に変項的な要素を持ち込むのが有効である。というのも、その変項によって未知の関係項の出現可能性を表し、形式の長大化を防ぐことができるからである。そこで、「永遠回帰」の世界観的内容に関係する任意の者をxで表し、比喩を等式から方程式に交代して考察を続けたい。

まず、関係項が一つのとき、「永遠回帰」の構造はどのように表せるのか。真っ先に思い浮かぶのは、$x + e = E$という形式である。しかし、これは単に、eへの任意の関係項が存在していることを表すだけであり、特定の項が現れた場合を表さない。例えば、ツァラトゥストラが、単独で「永遠回帰」の世界観的内容と関係しているとき、適切な比喩は、$x+e=E$のxにzを代入しただけの$z+e=E$ではなく、$x+z+e=E$である。というのも、xは、eへ未知の関係項が常に出現する可能性であり、何かがそこに代入されても消すことはできないからである。

次に、重力の精神の発言を切っ掛けに、ツァラトゥストラが世界観的内容と関わるという事態を考えてみよう。この事態は、$x+z+(zw+e)=E$と表せる。この段階ではこの形式に問題はないが、関係項の増加にともない厄介になってくる丸括弧を消したい。この比喩において、丸括弧のなかはzが関係する対象を表している。それは、z＋よりも時間的に先行するeへの関係であり、$x+z+(zw+e)$の成立以前に存在したEである。すると、時間的前後を自然数で表すとき、$x+z+(zw+e)$は、$x+z+E_1$であり、それがE_2であると考えられる。[23] つまり、$x+z+E_1=E_2$である。さらに関係項が増えた場合を考えてみよう。船乗りたちをsとするとき、$x+s+(z+E_1)$は、$x+s+E_2$であり、それがE_3である。つまり、$x+s+E_2=E_3$である。

このような変形の展開から推理すると、n個目の関係項a_nが現れた場合として、$x+a_n+E_{n-1}=E_n$という数列的な形式が考えられる。この形式は、伝達という関係性の教説としての「永遠回帰」の構造を、予期した以上にうまく表現している。というのも、この教説の伝達の原点にあるはずのeが比喩から消えているのは[24]、この世界観的内容が単なる推定であることを考えれば望ましい結果であるし、また、Eが二つに分裂しているのも[25]、関係された「永遠回帰」に関係する者が次々に現れるという、この教説の迷宮的な構造に対応しており、望ましいからである。そこで、この比喩を軸に、これまでの考察の成果を整理してみよう。すなわち、「永遠回帰」の構造は、$x + a_n + E_{n-1} = E_n$である。このとき、xは未知の関係項が現れる可能性、＋は「永遠回帰」の世界観的内容eに対する不定の関係、aは関係項、nは時間的前後を示す自然数、Eは「永遠回帰」を表す。

おわりに

本稿において、『ツァラトゥストラはこう言った』に表現された「永遠回帰」は、思想の伝達という関係性を軸に構築された教説であり、その構造は、$x + a_n + E_{n-1} = E_n$と表せることが明らかとなった。このとき、xは未知の関係項が現れる可能性、aは関係項、nは時間的前後を示す自然数、＋は「永遠回帰」の世界観的内容eに対する不定の関係、Eは「永遠回帰」を表す。「永遠回帰」の世界観的内容は、共時的につながった世界の全事物が、円環をなす時間の展開のなかで、同じ順序、同じ組み合わせで何度も生成する、というものと推定される。ツァラトゥストラは、関係項の具体例の一つであり、特定の人物規定を有する。すなわち、既存のものを意志するという課題の担い手であり、人間に対する「嘔吐」感の保有者であり、自らの教育への欲望のために教える教師である。このツァラトゥストラが関係項のとき、＋は、仕事、恐怖、欲望の肯定という特定の関係を意味する。

註

ニーチェの文書からの引用箇所の指摘は、文書名の略記と頁数を丸括弧に包んで本文中に含ませた。略記の方法は次の通り。Friedrich Nietzsche, *Sämtliche Werke Kritische Studienausgabe* in 15 Bänden, hrsg. von Giorgio Colli und Mazzino Montinari, dtv/de Gruyter, Berlin/New York, 1988. これを、KSA、と略し、その後ろに巻数を付記する。

1 「永遠回帰」の発想の瞬間に記された紙片に近いとされる遺稿には次のようにある。「我々はこの教え［同一物の永遠回帰］を教える―これが、この教えを我々自身に体現するためのもっとも強力な手段である。もっとも偉大な教えの教師としての、我々独自の至福。」（KSA 9, 494）。

2 「すべての真理は曲がっている。時間自体が一つの円環である。」（KSA 4, 200）。

3 ツァラトゥストラは、重力の精神による時間の円環についての発言の「あまりの軽さ」（KSA 4, 200）に怒る。

4 「瞬間というこの門道から、ある一つの長い永遠の小路が、後ろの方へ続いており、我々の後ろには、ある一つの永遠が横たわっている。」（KSA 4, 200）。

5 「そして、すべての事物は、この瞬間が到来するすべての事物を自分の後ろに引き連れて行くように、しっかりと結ばれているのではないか？ それ故―自分自身をも？／というのも、すべての事物に関して走ることのできるものは、この先へと長い小路をもまた――もう一度走らなければならないのだから！――」(KSA 4, 200)。

6 「月光のなかを這うこののろのろした蜘蛛、この月光そのもの、そしてここ、この門道で、ともにささやき、永遠の事物についてささやく私とおまえ――我々すべてが、すでに存在したのではないのか？／――そして、回帰し、例の別の小路を走り、先へと、我々の前へと、この長い恐ろしい小路へと――我々は、永遠に回帰して来なければならないのではなかろうか？」(KSA 4, 200)。

7 「月光」は、この会話の時が、「大いなる正午」という作品中で望ましいものと規定されている時から遠いけれど、その正午に向かう道程に必ず存在する危機の時であることを示す。「蜘蛛」は、ツァラトゥストラを「糸」で絡めとり「血」を吸うものであり(KSA 4, 398)、やはり危機を示すと読み取れる。

8 これは、教科書的な哲学理解において「永遠回帰」と呼ばれているものの、最大公約数的な要約でもある。

9 例えば、次のような遺稿にみられる理論である。「諸力の世界は減少をこうむらない、さもなければ、それは、終わりなき時間のなかで、弱っていき、ついには消滅したであろうから。諸力の世界は停止をこうむらない。さもなければ、停止は達せられており、現存在の時計は動かずに立っているであろうから。それ故、諸力の世界は決して平行に達せず、休止の瞬間をもたず、その力と運動はどんな時でも同じ大きさである。この世界は、到達しうるどの状況にも、一度ではなく、無限の回数、かつて存在したに違いない。だから、この瞬間、それはすでに一度、いや多くの回数現存したし、同様に、正確に今と同じように配分されたすべての諸力が回帰するであろう。」(KSA 9, 498)。「初めにカオスがあり、その後で次第に調和的になっていき、ついにすべての諸力の安定した環状の運動があるのではない、むしろ、すべては永遠であり、生成したのではない。[中略]。循環は、生成したものではなく、

320, 325, 331, 337, 341)。

23 このとき、二番目の式のxは、一番目の式の丸括弧内及びE_1のxを吸収している。というのも、可能性を分割して表す意味がないからである。

24 もちろん、0を使っていいことにすれば、nが1の場合、$E_1 = x + a_1 + E_0$であるから、E_0がeであるということはできる。しかし、eの消滅は、そうした表現上の問題以上の意味を含んでいる。そもそも「永遠回帰」の世界観的内容は、『ツァラトゥストラはこう言った』において完全には叙述されていない。この作品の叙述の重点は、この世界観的内容をめぐっての出来事である。すると、この作品において、世界観的内容は、それに関係する者が現れるように機能すればそれでよいのではないか。この教説を形成した者が、哲学者の言行を集めたディオゲネス・ラエルティオスについての論文を書いた古典文献学者であるというのは、興味深い。というのも、「永遠回帰」は、その内容の伝達が不完全であるにもかかわらず、その発想者の伝説とともに人々の関心を引き続けてきた、古い諸教説の翻案を思わせるからである。「永遠回帰」の世界観的内容は、それが人々を引き付け続けるなら、たとえ「永遠回帰」という名称以外の言説が失われても、$x + a_n + E_{n-1} = E_n$における役割を果たし続けられるのである。参照、泉治典訳「ラエルティオス・ディオゲネスの資料」「ラエルティオス・ディオゲネスの資料研究と批判への寄与」（『ニーチェ全集 1 古典ギリシアの精神』ちくま学芸文庫、一九九四年、一三九―三三七頁）。

25 $x + a_n + E_{n-1} = E_n$では、Eが二つに分裂し、一方が他方の部分となっている。これは、丸括弧を使わない方向で比喩を変形させてきた結果である。その変形の理由は、括弧の多重化を避けるためであった。しかし、もう一つの理由として、丸括弧がどこまで有効であるかわからないということがある。

例えば『イリアス』において、それが長い時代を経て形成されてきた物語であるにもかかわらず、形成に関与した作者たちの詳細が忘れられて、ホメロスの名に一括されているように、「永遠回帰」の教説に取り込まれた関係項も、いずれこの教説に消化吸収されてしまうかもしれない。いや、それどころか、排泄されて消えていくということもありうる。Eが二つに分裂しているところに、伝達される教説の、文献の物理的な変化も含めた意味での、歴史における変化の可能性が示されている。こうした変化への配慮もまた、古典文献学者らしい発想ではなかろうか。参照、塩屋竹男訳「ホメロスと古典文献学」(『ニーチェ全集2 悲劇の誕生』ちくま学芸文庫、一九九三年、四六七—四九四頁)。

いつかどこかの教室で

第一講　ある神話

今日はみなさんにある民族の話をします。海に飛び出た半島に小グループに分かれて住み、互いに反目し合いながらも文化を発展させた民族です。ええっと、名前はなんと言ったか。ちょっと思い出せそうにないので、ここではサイファ人と呼ぶことにしましょう。鳥山明先生の名作マンガ『ドラゴンボール』に出てくる宇宙人たちに似た名前ですが、別に深い意味はありません。語感が好きなので、話しやすいかと思って。まあ、思いつきです。哲学にとって、名前なんてどうでもいいんです。

さて、サイファ人の祖先は実に乱暴な人たちでした。地球最大の大陸の真ん中に出現し、すぐに仲間割れして南と西に分かれて移動し、地道に働く農耕民族を蹂躙しながら進撃を続け、常にあることをしていた……それは、まあ、仲間割れです。友情、努力、勝利というのが週刊少年ジャンプの三大原則（非公認）のようですが、サイファ人の先祖の場合、対立、均衡、拡大という感じですかね。仲間割れが周囲を巻き込んでいき、結局仲間割れしている輪が広がるという。サッカーや野球でも強いチームは意外とチーム内でもめていたりしますものね。まあ、そんな武闘派の人達でした。

西に向かった原サイファ人はさらに分裂しながら進軍しました。そして、あるグループは適当なところで定住し、またあるグループは陸路で行けるところまで行き、着いた先で仕方なく定住しました。サイファ人は後者のグループです。かれらはまだまだ内輪もめパワーに満ちていました。ケンカしながらその勢いで周りから生活の糧を奪うことが可能であった。でも、かれらの先にはもう海しかない。対岸の別の大陸にまで渡りきる航海術はまだありませんでした。かれらは海岸伝いで反転していきます。そして、かれらの古典文学となる叙事詩に描かれた大戦争が起きたのです。ほら、あの有名な神話ですよ。サイファの王たちの大連合軍が大船団で大陸の端っこに戻り、かつて別れたグループが定住した城を襲った、あの大戦争。ほらほら、あの英雄が活躍するお話。うーん、またしても名前を忘れてしまいました。そうですね。ここではその大戦争を第一次星間戦争……ではなくて第一次大陸間戦争と呼び、英雄をブラピと呼ぶことにしましょう。

英雄ブラピは小国の王でした。だから、率いる軍団は小さい。しかし、ブラピ自身の強さは別格でした。かれの母は女神で、かれは神と人間のハイブリッド、つまり半神です。女神の計らいで、かれの体には人間の攻撃を無効にするコーティング剤が塗られていました。まあ、ゲームならチートですよね。でも、神話時代の人間は、神々とともに生きていましたから、神の手助けはチート扱いされませんでした。それは正当な支援です。もちろん、かれらが特別信心深かったわけではありません。人々がこの世とは別の世界にいる超越的な神を信仰するのは、また別の時代のお話です。そうではなく、かれらは、字義通り、この世の高い山に行けば会える神々とともに、生きていたのです。ですから、ブラピ以外のサイファ人も、サイファと敵対する人々でさえも、なんらかの神の支援を受けていました。つまり、ズルが普通だったのです。

サイファ人の敵はかつての仲間たちでした。サイファ人と分離して貿易に便利な場所に定住したグループの人々です。かれらは巨万の富を得て、海岸線に難攻不落の城を築いていました。もしかすると、サイファ人は成功した旧友を妬んでいたのかもしれませんね。サイファ人の大王は、新妻を結婚式のときに略奪されたとかなんとか、無茶な理由で侵略を正当化しようとしました。しかし、そもそもそのお嫁さんだって、どこかの征服地から大王が奪ってきたに違いありません。ブラピは、参陣する気がありませんでした。もともと大王とは戦利品の分配を巡ってもめていましたし、人の嫁のことなんか知ったこっちゃねえという感じです。

困ったのはサイファ連合軍の軍師です。かれは神々のごとき異能を使う王たちのなかにあって、常識的な人間サイズの男でした。人間らしい打算で、戦争は勝たねばダメだと思っていました。そして、確実に勝つためには、ブラピが必要だと結論づけました。かれは、人間としての能力を駆使して、つまりよく考えて、ブラピにこうプレゼンしました。

「よお大将。いいから一緒にやろうぜ。今度の戦さは、ずーっと語り継がれるような大戦（おおいくさ）だ。活躍すりゃ名が残る。人間が使える死のカードは、人生で一回だけだ。このチャンスに賭けねえ手はねえや。無名のままの穏やかな一生なんて、だらだらとした消化試合みたいなもんだぜ。なあ、そんなのはオレらに似合わねえや。兄弟、オレと一緒に伝説残そうや。」

たぶん軍師はリーゼントをジャックナイフコーム（櫛）でとかしながら、くわえタバコでこう言ったと思います。場所は、そうたぶん、夕暮れの川沿いの空き地です。川向うには自分たちのシマを含む抗争の街が広がっています。そのはるか彼方には、栄光と死の待つ異国の戦地が、自分たちの覚悟を試すように浮かんでいる（あくまでかれらのイメージでは）。ブラピのヤンキー気質を見切った軍師の一芝居ですね。サイファ人はみな仲間内で語り継がれる誉れを求めていた。改造バイクで単騎駆けして国道脇に死体をさらす若者と同じメンタリティーなのです。戦争で活躍して、若く美しい体のまま死んで、伝説として名が残る。なんてクールなんだベイビー、へいロケンロール！

しかし、軍師は違った。かれは無茶な戦いで死んで、あいつは風になったよとかセンチメンタルな話題になることには興味がなかった。勝って稼いで、家に帰りたい。生き残って戦利品ガッポリで、ベリィハッピーです。でも、こんな計算高い考え方は、サイファ人のなかでは異端でした。しかし、だからこそなんです。軍師は価値観的に仲間の輪の一番外れにいたからこそ、仲間を理解しコントロールできたのです。（それにしても、超人間のサイファ軍団のなかで、あくまで人間らしくある軍師は、実は一番の硬派ではないでしょうか。この軍師であればこそ、神と人の入り乱れる大乱戦を終結させられた、とも言えそうなのですが……それはもう少しあとでお話ししましょう。戦いが終わるためには、まずは戦いが始まらねばなりませんから）。

そして、ブラピは戦場に立ちました。その活躍ぶりはまさに英雄の名にふさわしいものでした。いやそれ以上に、日本語のカタカナの、ヒーロー、の名にふさわしいものでした。具体的には言葉で描写しにくいのですが、「あたたたた」で「オラオラオラ」な感じですね。詳しくは、ご自分でビジュアル作品にあたってください。まあそんなわけで、ついには軍師の見立てどおり、敵方の英雄を討ち取ります。敵の英雄も神の血を引く半神で、ブラピでなくては対抗できない相手でしたから、これでサイファ軍は圧倒的に有利になりました。ブラピは大喜びで、今度はヒーローにふさわしくない行為をします。もっともそれは英雄にはふさわしい行為なのですが……ブラピは、死んだライバルの足をロープで縛り、戦争用の単騎乗りの馬車に結びつけて、敵兵のこもる城の前を行進したのです。

「よく見てみろ、クソジジイが。てめえの息子は泥だらけだ。おい、プリンスちゃんよ、親父が見てるぜ。なんか言ってみろよ。ああーん。なんにも言わねえところを見ると、どうやら完全に死んじまってるみたいだぜ。ちょっと、ムチで打ってみようかなあー。」

サイファ軍は大盛り上がりでした。ワンツースリー、バシッ！ ワンツースリー、バシッ！ イヤッホー！ ジミ・ヘンドリックスのギタークラッシュとかジューダス・プリーストのハーレーシバキ倒しとかの、よくわからない興奮に酔っています。その様子を敵の総大将の王が、城壁の上から号泣して見ているのでした。

死んだ英雄は、かれの跡取り息子でした。女神の子であり、豊かなこの城の王になるはずの若者が、どう猛な侵略軍に殺されて、その遺体を辱められている。年老いた王は、人生の終局で経験しなければならなかった過酷な運命に対して、名状しようのない思いを抱き、涙を流すしかありませんでした。神の子どうしの戦いですから、父とはいえ人間にすぎない身で異を唱えることはできません。運命は受け入れるしかない。正当な復讐が可能となるのは、運命の提示する秩序の範囲内でのことです。老王にはもう一人、有名な息子がいました。女神が奪い合うほどの美少年で、サイファの大王の新婦を誘惑して出奔させた男です。しかし、かれの人間離れした美しさは、ブラピと戦うような荒事には向いていません。王もすでに老人です。となると、リベンジの物語が成立しそうな運命の流れがない。つまり、神の子どうしのタイマンの決着で一つの物語は見事に完結し、運命の輪はきれいに閉じられた。

では、老王が運命を拒絶したらどうなるのでしょうか。老王の立場からはその権利もありそうに思えます。しかし、それは人間の都合なのです。運命は、物語の秩序を管理しています。一個人の都合で秩序を乱せば、恐ろしい結末が待っている。運命は、それ自身が強力な神です。神々の王でさえ逆らうことができない。一時的に老王が拒絶できたとしても、崩れた秩序を回復するために、今度は運命の神が老王に復讐するでしょう。第一次大陸間戦争は、サイファの長い歴史では神話時代の、民族のはじまりの頃のお話しです。しかし、運命の神は、後世のサイファ人をも支配し続けました。もはや無法な荒くれ者ではなくなり、詩を詠ったり神殿を建てたり哲学を論じたりする文化的な民族に進歩しても、サイファ人は運命の力を忘れられなかった。かれらは、運命に逆らい運命に復讐される人間のドラマを悲劇作品に表現し、民族的な祭典で上演しました。そんな強力な神のくびきから、神話時代の老王が逃れるなんてことは、端的に不可能でした。

ところが、このとき運命の輪は閉じる寸前で停止します。もちろん、そんなことができるのは、神々だけです。神々も運命には逆らえない。しかし、そもそも不死の存在ですから、運命の神の復讐でいったん死ぬくらいの覚悟があれば結末を先送りするくらいはできます。神々というやつは存在自体がチートなのですね。第一次大陸間戦争は、軍師の計算に反して敵の英雄の死で決着せず、なんとブラピが敵軍を壊滅させそうな猛攻の最中に死ぬのです。無敵のはずなのに、母の女神の痛恨のミスで、足首だけはコーティング剤が塗られていなかったというとほほな展開。まあ忍野さんの言うとおり、神様は大雑把なんですね。ブラピは足首（アキレス腱）に矢傷を受けます。人生ではじめて傷を負うという体験ですから、かれは痛みにびっくりして死にます。もっともかれは半神ですから、死ぬのはかれの人間の側面だけです。かれは星座になった。つまり、人として死に、神として完成したのです。ともあれ、両軍のエースが退場し、戦いは長期戦に突入します。

ブラピを倒し敗色濃厚な守城側を救ったのは、神助を得た美少年の王子でした。美とはなんとも凄まじい力ですね。天下のイケメンは、サイファの大王の新妻を誘惑して、大戦争のきっかけを作った張本人です。そして、戦いが終わりそうになると、半神を殺してまでも閉じかけた運命の輪を停止させてしまう。美少年の細腕が放ったヒョロヒョロの矢は、かれのファンの女神たちの熱い思いにナビゲートされて、天下無双の戦士の唯一の弱点にピンポイントで当たります。運命の神も苦笑いです。アイドルおたくともめるのは勘弁とばかりに、戦いは十年つづく大戦争になる運命だったということになる（いや、そうなる運命に変わる運命だったということかも）。ともあれ、不死の神々からすれば些事である十年近くの遅延の末に、戦いはサイファ側の勝利で決着します。決めたのは、ブラピを戦場に引っ張り出した軍師です。例の有名な木馬作戦で、今度は本当に戦いは終わります。

木馬作戦についてはいいですよね。みんな知っている話ですもの。知らない人はネットで検索してください。ああ、それではありませんよ。一年戦争とは関係ないです。……さて、注目したいのはその後の軍師の物語です。軍師、いやもう新しい主人公なのですから、名前で呼びましょう。軍師の名は……ええっと、なんだったかなあ。あーそうだ！ ジョセフ・ジェイです！ ……たぶん……まあこれで行きましょう。ジョセフももちろん神話時代の戦士です。だから、神のごとき男です。ただ、その異能が当時としては特殊で、かれは神のごとき理性の持ち主でした。考える力がすごいって、なんか微妙な気がしませんか。人間の攻撃に無敵だとか大戦争の原因になるほど美しいだとかに比べると、秀才くんかよって感じです。まあいいか。なんにしろ、第一次大陸間戦争を生き残り戦利品を得たかれは、ベリィハッピーで意気揚々と帰国の途につきました。そのとき、かれは海神への捧げ物をケチります。戦いの最中にも捧げ物をしたので、二回目はサービス料金でいけると思ったのでしょう。で、大方の予想どおり、神罰を受けます。

ジョセフは神の妨害で国に帰るのに十年かかりました。十日で来た道程なのに！ 手足がゴミみたいに伸びたりする超人的な力とかはないので、知力を尽くし苦難を克服して、懸命に妻子の待つ家に帰ろうとするのです。そう、現代のわたしたちと同様に、考えて考えて考え抜いて、人生をサバイヴする。かれの帰国の旅は、まさに人間が主役の冒険小説です。魔物をだまして逃げる。強敵を避けて空を飛び、死者の国にも迂回する。少しずつ少しずつ、故郷に近づいていきます。冒険の内容はやはり有名なので省略しましょう。尾田栄一郎の『ONE PIECE』みたいなもんです。読んだことないけど。まあ、なんだかんだで、かれは帰国に成功します。そして、王の座を狙って妻を奪おうと目論む邪まな大臣を成敗して、後世のサイファ人たちの悲劇作品とは異なり、ハッピーエンドで終わるのです。

神話は、神話時代の人間にとっては、義務教育です。サイファの神話を知らなければサイファの社会で生きていくことはできない。神話に出てくる人間ジョセフは、サイファ人たちにとっては理想です。人間には、神や半神の生き方はマネできません。サイファ人たちは、ブラピのように暴れまわるのではなく、自制し自省する生き方をジョセフに学び、文化を発展させた。しかし、ジョセフは、英雄ではないけれど、神のごとき理性をもつ人物です。本来神々の話であるはずの神話の主人公となった、規格外の人間です。したがって、かれは人間の理想ではあるけれど、例外でもあるのです。普通のサイファ人には、ジョセフの理性のほかに運命への従順さが必要でした。運命には勝てないという前提のもとでこそ、神のごとき異能へのあこがれを捨てて、人間としての限界まで最善を考え抜く生き方ができるのです。運命のようなリミッターなしに考え続けることは、常識サイズの人間にとっては危険でもあります。理性に耽溺して行為に戻れないなら、それもまた理性が壊れるのと同様に狂気にすぎません。ジョセフは全身を理性にゆだねても狂気に陥らず、人間としての幸福にたどり着けた稀有の事例です。ジョセフは、考えるという武器をもつ人間の原型でありますが、人間そのものではなくて人間という存在様式の理念なのです。

たぶんね。

【参考文献】


ホメロス、松平千秋訳『イリアス（上）』岩波文庫、一九九二年。

ホメロス、松平千秋訳『イリアス（下）』岩波文庫、一九九二年。

ホメロス著、松平千秋訳『オデュッセイア（上）』岩波文庫、一九九四年。

ホメロス著、松平千秋訳『オデュッセイア（下）』岩波文庫、一九九四年。

松平千秋訳者代表『ギリシア悲劇Ⅱ ソポクレス』ちくま文庫、一九八六年。

ホルクハイマー／アドルノ著、徳永恂訳『啓蒙の弁証法』岩波文庫、二〇〇七年。

マックス・ウェーバー著、富永祐治／立野保男訳、折原浩補訳『社会科学と社会政策にかかわる認識の「客観性」』岩波文庫、一九九八年。

第二講　ある神話殺し

今日はみなさんにある神話殺しの話をします。かれは例のサイファ人の末裔でした。でも、ブラピやジョセフの話を心の底から信じていた世代からは数百年も時代がくだっていて、洗練された複雑な文化をかれは生きていました。かれが子どものとき、かれの人生を決定づける大事件が起きます。かれが師とも父とも仰ぐ偉大なる教師が死刑になったのです。教師の罪状は国家反逆罪でした。ほとんど冤罪みたいなものです。かれがかつて教えた政治家が失政をし、責任を問われる前に国を捨てて敵国に亡命したのです。市民たちは怒りました。そして、政治家を教えた教育が悪いと難癖をつけて、偉大なる教師を裁判にかけたのです。

市民たちは一時的な怒りの感情のぶつけどころを探していただけでした。本気で偉大なる教師を罰する気はありませんでした。ただちょっと謝ってくれればよかったのです。あの政治家も子どもの頃はいいやつだったんだけどなんかみんなごめんな。そんなひと言でよかった。しかし、偉大なる教師はそんな馴れ合いを嫌いました。かれは高らかに宣言し、挑発しました。もし市民のみなさんがおっしゃるように、わたしが国の存続を危うくさせたなら、その罪は微罪なはずがない。それは国家反逆罪で死刑になるような案件だ。したがって、もしわたしが有罪なら、当然死刑である。市民たちは、文化的になったとはいえサイファ人です。ケンカを売られて買わないやつはいない。判決は有罪でした。そして、偉大なる教師は死にました。

市民たちは、びっくりしました。偉大なる教師が死刑判決にしたがうとはみんな思っていなかったのです。当時は、死刑になっても他国に亡命すれば実行されなかった。だから、市民はみんな、偉大なる教師も有力な弟子たちの手引きで国を脱出するものだと思っていた。でも、偉大なる教師は、弟子たちの国外逃亡策をすべて断り、国の定めを遵守して、正式に定められた取り決め通りの手順で死んでしまいました。市民たちは嫌な気分になりました。なにか得体の知れない罠にかかったような気分でした。そして、その直感は的を射ていました。市民たちははめられたのです。心に小さな刃物を埋め込まれてしまった。良心の呵責という刃物です。この事件以降、なにをやっても市民たちは、自分がかつて不当なことをした罪人ではないかという疑念にさいなまれるようになりました。かれらは、自分の行為も存在自体も、素直に肯定できなくなってしまったのです。

さて、神話殺しは偉大なる教師の跡を継いで教育者になりました。学園を創設し、市民たちの教育に寄与しました。しかし、やはり自分の師父を市民たちに殺された恨みは消えていなかった。かれはこう教えました。きみたちは三角形を知っているか。あの三つの直線で囲まれた平面図形のことだ。ではきみたちは知っているか。この世に本物の三角形はひとつとしてないことを。この世に平面図形など存在しないのだよ。厚みのないものなどは存在しないから。直線だって存在しない。幅のないものなど存在しないから。不思議ではないか。この世に存在しない三角形をきみたちはどこで知ったのだ。この世ではないとすると、それは別の世ではないか。そこには本物の三角形があり、きみたちはそこで本物の三角形と出会っている。そう考えなければ、きみたちが本物の三角形を知っている理由がわからないではないか。

市民たちはなるほど一理あると思いました。このなるほどがどれだけの重みをもつか、自覚している市民はほとんどいませんでした。このとき、サイファの歴史上はじめて、世界が二つに分かたれたのです。この世の本物たちは、偽物の三角形に我慢ができませんでした。自分たちは本物なのに、自分の使う三角定規や三角巾は偽物だなんて本物としてのプライドが許しません。本物たちは、本物の三角形のあとを追い、この世ではない新設の世界、すなわち「あの世」に移住してしまいました。本物のリッチー・ブラックモアも本物の森高千里も、今ではあの世の住人です。本物は、あの世でいつまでも変わらず永遠に本物のまま、元祖シュレッダーでミニスカなのです。結局、この世に残ったのは、じょじょに太って本物から離れていくプレスリーみたいな、偽物だけです（もちろん、本物のプレスリーはとっくにあの世に移住していて、いつまでもラヴミーテンダーのヴを優しくフと歌っているのです）。

神々も大慌てでした。のんびりしていたら偽物になってしまう。神々が長年住んでいた山は、人間が行くには困難な場所でした。でも行くのが不可能な場所ではなかった。人が行ける道があるなら、どれほど行きにくくても、それはこの世の一部です。だから、そこは本物の神々にはふさわしからぬ場所です。神々は、身にまとった偽物の衣服を脱ぎ捨てて、あの世の住人になりました。例えば、神クロノスは本物の時間になり、神北川景子は本物の美になりました。しかし、こうなるともう、神話はおしまいなのです。北川景子ではない完全な美は、人間とは関係のない美です。人々は神話への共感を失っていきました。だって本物の神々には、この世で出会うことすらないのですから。神々は忘れられていきました。そして、この世に残ったかつて神と呼ばれたものは、神のごとき力をもった神ならざらものとなりました。つまり、魔物、妖物、幽霊のたぐいです。

神々と人間というカテゴリーの違うキャラクターが並列に活躍する神話は、この世とあの世の区別がつかない濁った頭脳のたわごとに堕っしてしまいました。かつては民族の義務教育であったのに、今では特殊な趣味をもつ人の愛好本です。神話殺しは、民族の精髄をなす神話を葬り去った。それによってかれは、積年の恨みを晴らしたのです。この世の市民たちの手には、もう偽物しか残っていません。それどころか市民たち自身が、本物の市民の戯画になってしまいました。神話殺しは、市民たちにこう思って欲しかった。かれの師父は、偽物たちと手を切って、本物の世界に行ったのである。師父は、市民たちに殺されたのではなく、市民たちを偽物として捨て去ったのである。おまえたちが偽物であり、無価値だから、師父は死んだのである。だから、

おれもおまえもすべてのサイファ人は、生きている値打ちがないのだ!

サイファの文化はこの後急速に衰微していきます。偉大なる教師の小さな刃物は、確実にサイファ人を自傷行為に誘い、ついにはその心臓を刺し貫いたのです。一説によると、偉大なる教師の刑死の直後、少年であった神話殺しが偉大なる教師にそっくりの声と口調でこう言ったそうです。コノウラミハラサデオクベキカ。

【参考文献】

プラトン著、田中美知太郎／池田美恵訳『ソクラテスの弁明・クリトーン・パイドーン』新潮文庫、昭和四三年。

ニーチェ著、原佑訳『偶像の黄昏 反キリスト者 ニーチェ全集14』ちくま学芸文庫、一九九四年。

第三講　ある留学生

今日はみなさんにある留学生の話をします。かれは文化の花ひらくサイファの都にやってきた外国人でした。かれの父は田舎の王の侍医で、かれ自身は、帰国後には王子さまの家庭教師になる予定でした。実は、その王子さまがのちに文明がある土地の半分を征服する大王、ええっと、例によって名前を失念してしまいましたので、アイアン・ドロスとしておきます……アイアン・ドロス大王なのです。

留学生は当時世界で一番高度な教育が受けられる学園に入りました。あの神話殺しが創設した学園です。神話殺し自身もまだ存命中で、留学生も直接の指導を受けました。でも、留学生は外国人ですから、師の教えの受け取り方が微妙にサイファ人の学生たちとは異なりました。かれは、偉大なる教師の刑死に起因する、サイファ人の複雑なメンタリティーとは無縁でした。偉大なる教師の死の話を聞き、ことの経緯の理不尽さを感じましたが、それでサイファの市民に憎悪の念を抱くには至りませんでした。サイファ人どうしがもつ同国人としての深い愛を持ち合わせてはいない代わりに、強い憎しみもわかないのです。かれはただただ、世界一の文化・文明に心奪われ、スゲースゲーなんだこれ最高じゃんをくりかえす上京組の若者でした。

学園に入って、かれはまず、第一次大陸間戦争について教わりました。明敏なかれはすぐに、昔のサイファ人を理解しました。かれらは、優れた人間とは戦いに勝つ人間だと考えている。かれらの徳とは武勇だ。うちの王には気に入られそうだが、王子にはどうかなあ。あの人、ニューミュージックが好きだとか言ってたし。留学生はつぎに、偉大なる教師の説を教わりました。なるほど、知ることそのものが徳なのか。人間は知を愛するのだから、知を得る人間が優れた人間だ。しかし、大先生には申し訳ないが、悪を行うのはそれが悪だと知らないからだという説は、どうも正しいようには思えない。悪いことだとわかっていて行う快楽の味を、大先生は知らないのかな。あの田舎のゲスい教師のミゾグチと少し話してみたらよかったのに。

留学生はつぎに、神話殺しの説を習いました。かれには、本物の国がここではないどこかにあるという発想に、不自然なものを感じました。本物の広瀬すずがあの世にいるとして、この世の偽物の広瀬すずはその本物をモデルにできているはずだよな。じゃあ、だれが本物を見たんだ。えっ！　ぼくらの魂だって！　……魂は本来あの世の住人で、この世のものである肉体に閉じ込められている。だから、魂は、あの世に郷愁の念をもち、本物を、つまり真理を知りたがる。肉体が死ぬと魂は解放されてあの世に戻る。ただし、生前の勉強が足りないと、死んだ肉体からうまく魂が脱出できなくて、魂だか肉体だかわからない中途半端な存在としてこの世をさまようことになる。無事あの世に戻れた魂は、一定期間本国で暮らしたのち、またこの世に帰ってくる。そのとき、記憶は奪われるが、故郷への望郷の念は忘れない。……すごい物語だなあ。でも、ぼくなら……

留学生には、無理をしてでもこの世よりも価値のある本物の国をつくらなければならない動機がありませんでした。だから、かれは、こう考えました。……本物は偽物のごく近くに、あるいは偽物のなかに隠れている。この世の広瀬すずはときどき顔がむくんだりウエストが膨張したりする。でも、本物の広瀬すずが偽物の広瀬すずの見かけの変化を有限な肉体に可能な限り修正する。もしぼくが広瀬すずを本当に愛しているのなら、ぼくの理性は見かけが変化する偽物の広瀬すずによって隠されている本物の広瀬すずを見抜く。そのとき、本物の広瀬すずは、真理としてこの世に輝きいでて、広瀬すずの広瀬すずたる本質をぼくに見せつけるに違いない。まったくもって、本物があの世にあるなんて説はつまらないじゃないか。本物は現にここにあり、ぼくの魂を失神させるほど光輝いている。そうでなければ、真理を知りたいという意欲もわかないよ。

留学生は人間の徳についても、先生である神話殺しとは異なる意見をもちました。神話殺しの説は、サイファ伝統の四つの徳を正義の徳を中心に手際よく関係づけるうまい説でした。調和と秩序を重んじることで野蛮を克服したサイファの歴史に敬意を表した考え方でもあります。かれは、人間の魂を、理性、気概、欲望の三つにわけ、それぞれが知恵、勇気、節制の徳をもつとき、魂全体が正義の徳をもつと言いました。しかも、国家もまた、統治者、防衛者、生産者の三つにわかれ、それぞれが知恵、勇気、節制の徳をもつとき、正義の徳をもつのです。人間という小さな宇宙と国家という大きな宇宙とが相似形をなすあたり、数学好きのサイファ人の心情にもピタリとくる説でした。

……でも、この魂の三分説というやつはうまく出来すぎじゃないか。三つの部分が全部徳をもつなんて人間業じゃない。だから、人間が正義の徳をもつこと（正しい人であること）は無理だ。先生は人間嫌いなのかね。まずは幸福について考えるべきだ。人間にとって最高に善いものは、なんといっても幸福だもの。有用さや快楽も捨てがたいけど、最高ではない。で、幸福とはなにかってことだよね。先生の説がヒントになる。知恵、勇気、節制は、理性、気概、欲望がそれぞれの能力を十分に発揮している状態だ。重要なのは、この三つの徳がそろうことではなくて、それぞれが能力をフルに発揮しているということじゃないのかな。そして、それが、幸福だ。ラグビーのうまいやつは、ラグビーでベストなプレーを全力でしているときが幸せに違いない。そのとき、この人には、ラグビー選手であるという自身の本質が輝きいでているだろう。つまり、本物になっている。まあ、本物が本物として現にあることが幸せだってことだね。もっとも、たいていの人間は、勉強くらいしか能がないから、よく考えることが人間の幸せってことに実際にはなるんだけど。

それに、先生の説は、徳の実践面が軽視されている気もするんだよな。親切にする高い能力を潜在的にもっている人だって、その場その時の親切とはなにかがわかっていて、その親切を行う技量があってはじめて、実際に親切にふるまうことができる。さらに、できる、ではなくて、する、ためには、さまざまな場面での親切をくり返し行い、親切な行為を身につけなければダメだよ。状況に適切な、やりすぎではなく消化不良でもない、中庸を体で表現するには、習慣によって表現を磨かねばならない。ナンパと一緒で場数を踏む必要があるんだよ。あー、あの田舎のダメ教師ならよく知ってるんだけどなー。もちろんナンパの方面だけだけど……。先生は徳をうまく整理しただけだ。徳がなんであるかを知るのは難しい。だれど、徳をどうやって実行するのかのほうがもっと難しい。偉大なる教師も神話殺しも、人間としてまだまだだよね。かれらはまだ神のごとき人間であるから、普通の人のように当為と実行のあいだに裂け目があるのではないということかもね……

留学生は、神話殺しが死ぬと学園を去り、自分の学園をつくりました。教え子のアイアン大王が遠征先から送ってくる世界中の情報と文物を独自の整理棚で綜合し、学園自体を地球の脳みそに発展させる……のですが、それはもう留学生の話ではないので、またの機会にしましょう。

【参考文献】

プラトン著、藤沢令夫訳『国家（上）』岩波文庫、一九七九年。
プラトン著、藤沢令夫訳『国家（下）』岩波文庫、一九七九年。
アリストテレス著、高田三郎訳『ニコマコス倫理学（上）』岩波文庫、一九七一年。
アリストテレス著、高田三郎訳『ニコマコス倫理学（下）』岩波文庫、一九七三年。
アリストテレス著、岩崎勉訳『形而上学』講談社学術文庫、一九九四年。

配信保存欄

配信保存欄

配信保存欄

配信保存欄

配信保存欄

配信保存欄

配信保存欄

配信保存欄

配信保存欄

配信保存欄

ニーチェ論と暴力

（二〇〇六年発表、二〇一九年改題・修正）

はじめに

二〇〇五年に出版されたダントー（Arthur C. Danto）の『哲学者としてのニーチェ』拡大版は、若者の殺人事件についての、以下のような言及から始まる。

コロンバインでの殺害の数年前、ミシシッピー州パール・リヴァーの若者のグループが、殺人と非道の大暴れに乗り出した。彼らのリーダーによると、それはフリードリッヒ・ニーチェの哲学に鼓舞されてのことであった。侵略者たちは、自分たちを「超人（Supermen）[1]」と表現はしなかったが、「思想家」と表現し、彼らを理解しない「群畜」から自らを区別した。群畜とは、両親、先生たち、不十分にしか応じない女の子たちであり、そうした者たちを手厳しく懲らしめる資格が自分たちにはあると彼らは感じていた（xiii）

この「拡大版への序」でダントーが問題視するのは、ニーチェが、この若者たちのような「不穏な心の持ち主」に、依然として危険な影響を与えることのできる存在である、ということである（xiii）。ダントーは、次のように述べる。

ニーチェを温和な存在に変形するための過去四十年の知識人たち―解釈学者、脱構築論者、文学の芸術家、フェミニスト―による努力にもかかわらず、ニーチェの生き生きとしたイメージと煽動的な言語は、混乱した頭の若者たちが、彼らを一蹴した女の子たちを撃ち倒し、口やかましい母親たちを刺し、あるいは、彼らのひるまない強さを誇示するために動物を拷問したりすることを、引き起こしうる（xiii）

本稿の課題は、ダントーの『哲学者としてのニーチュ』「拡大版への序」にみられる、ニーチェの暴力的な影響に対するダントーの哲学的ニーチェ研究の社会的な意義のなさを明らかにすることである。そのために、まずは、ダントーのニーチェ論の、主にニーチェ研究史における立場を、次に、そのニーチェ論の特徴を確認する。そのうえで、「拡大版への序」にみられる若者の銃犯罪に対するダントーの対応について論じたい。

1　ダントーのニーチェ論の立場

(1)　文学的ニーチェ研究との共闘?

ダントーの『哲学者としてのニーチュ』の初版は、一九六五年に出版された。その二〇〇四年の「拡大版への序」によれば、『哲学者としてのニーチェ』が出現する前は、普通、ニーチェは、哲学史の範囲外で読まれていた。その頃、ニーチェは、次のように言われていたとダントーは述べる。

彼は、本当のところ哲学者ではなく―あるいは、彼は、「真の」哲学者ではなく―言語のリリシズムでそのナンセンスを償う形而上学者である(xvi)

ダントーが誇らかに述べるほど明確に、彼の『哲学者としてのニーチェ』が哲学者ニーチェを誕生させたと言うことはできないが、この時期に各地でニーチェ像の刷新が行われたことは間違いない。例えば、先の世界大戦中になされたハイデガーのニーチェ講義が公にされたのは一九六一年であるし、いわゆる「ニーチェ会議」(ロワイヨーモン第七回国際哲学討論会「ニーチェ」)があったのは一九六四年である。つまり、ダントーらの研究によって、ニーチェ哲学の印象は、ナチズムの予言や発狂した学者の物騒な詩といったものから、高度な読解能力によってようやく内容がわかる知的な構成物に転換したはずであった。しかし、前述のように、パール・リヴァーの事件は、ニーチェが一般的には依然として、不満をもつ者を暴力に駆り立てる扇動者であることを明らかにした。

ダントーは、次のように述べる。

パール・リヴァーの「思想家」が標準的な百科辞典を調べたなら、彼らは自分たちの見方が、次のように補強されているのを見出したことであろう。すなわち、ニーチェは「ドイツの哲学者」であり、彼は「生を肯定する新しい英雄的な道徳のために、キリスト教の『奴隷道徳』を情熱的に拒絶した。この新しい社会を導くのは、劣等の人類の『群畜』からその『力への意志』が自らを際立たせる、超人の種族である」、と（xiv）

ダントーのいう「過去四十年の知識人たち」は、こうしたニーチェ哲学の血に飢えた印象を、温和なものに変えようと努力した。そうしたニーチェを武装解除する試みを、ダントー自身は、一九六五年の『哲学者としてのニーチェ』の初版で、すでに行っていると主張する。すなわち、ダントーの見解では、結局、哲学は「迷宮」であるから（xv–xvi）、ニーチェ哲学そのもののなかで反ニーチェ主義的な哲学を彫琢することもできるのであり（xv）、彼は『哲学者としてのニーチェ』でそれを行ったのである。しかし、ダントーは、彼のニーチェの武装解除を、残酷なニーチェ主義者に対する他のニーチェ読みの知識人たちとの一時的な共闘にとどめ、自分のニーチェ研究が、他の知識人たちのニーチェ論に埋没することを回避しようとしている。

ダントーは、「ニーチェのテクストを文学として扱うこと」ができなかったと告白することで、彼のニーチェ研究の出発点が、文学的ニーチェ研究とは異なることを明示する。ダントーは、次のように述べる。

部分的には、私の見落としは、彼［ニーチェ］の本には、［中略］アフォリズムとショート・エッセイの集合が許すよりも大きなどんな統一も欠けているという確信のためであった。私は、彼の多くの書物中のどこに所与の一節があるかはほとんど問題ではないと主張さえした（xvi）

そして、ダントーは、ゴッホが自分の耳を切り取った事件とニーチェがトリノで発狂した事件が同時期であることに興味をもち、両者に梅毒という共通項を見つけ、この病気が両者に短い時間で仕事をさせたのではないかと考えた（xvi–xvii）。この見解は、もしそれが正しければ、「単独のアフォリズムがニーチェにとっての哲学的表現の単位であろうというテーゼ」を支持したであろうとダントーは述べ、そして、次のように発言をつづける。

しかし、その後、私は、そうした著作が諸々の節のたんなる連結にできるよりも凝集性が高

く、文学的作品の資格をうるに十分なテクスト的な建築構造をもっていることを正しく認識した（xvii）

だから、ダントーは、この観点からニーチェの著作を読み直し、その成果をエッセイにまとめ、『哲学者としてのニーチェ』に補論として加えたのである。しかし、これは、哲学から文学への転向ではなく、彼の哲学者としてのニーチェに関する見解はまったく変わっていないとダントーは主張する（xvii－xviii）。

すべての本質的な点で、ニーチェの哲学に関する文学的で解釈学的な諸議論は、ニーチェの哲学がいかに構造化されているかにまったく影響を与えなかった（xviii）

(2) 意味論的ニヒリズム

ダントーは、自分のニーチェ哲学に関する考えが変わっていないことを示す証拠として、ニーチェ生誕一五〇年記念の彼の講義で、彼が、ニーチェを「意味論的ニヒリスト」と規定していることを挙げている（xvii－xviii）。

「意味論的ニヒリスト」が意味するのは、「世界は、それにわれわれが押しつけるもののほかに構造をもたず、彼［ニーチェ］が言うのを好む『あらゆるものは偽である』のようなわれわれの命題の真を保障できないということ」である（xviii）。『哲学者としてのニーチェ』の補論「1」で、ダントーは、「意味論的ニヒリズム」を、「意味論的リアリズム」との関係のなかで説明している（225f.）。すなわち、「意味論的リアリズムは、言語が世界に適合するためには世界は言語に適合しなければならず、それゆえ、言語そのものが構造化されている仕方で構造化されねばならない」というテーゼである（225）。ダントーは次のように述べる。

ニーチェ自身は意味論的リアリズムの前提を受け入れたが、しかし、実は、世界は要求された構造を欠いていると信じた。しかしながら、言語は世界に適合するために世界が言語的構造をもつように要求するのではない、という非の打ち所のない結論に進む代わりに、彼［ニーチェ］は、その前提が誤りであるから、言語は世界にまったく適合しないという結論を導いた。これが意味論的ニヒリズムである（226）

たしかに、ダントーの「意味論的ニヒリズム」は、文学的なニーチェ論に配慮しながらも、自らのニーチェ論が一九六五年に発表した見解と同様に、ニヒリズム論と言語論に重点を置いていることを示している。したがって、この点では、彼は哲学から文学に転向してはいない。ただし、ダントーは、以前に提起した見解の特徴を、文学的ニーチェ論の語彙でいっそう強調して述べてはいる。例えば、一九九八年のダントーは、ニーチェの見方では、実際の言語は、存在しないのに「われわれを捕虜にしておく」構造を投影していると言う（226）。こうした、言語はわれわれを閉じ込めている牢獄であるというイメージは、レヴィ＝ストロースの文化人類学とソシュールの言語学から構造主義的な記号論が発達して以降、あるいは、フレドリック・ジェイムソンがフランス語圏の構造主義の動向を『言語の牢獄：構造主義とロシアフォルマリズム』で一九七二年に英語圏の読者に伝えて以降、普及した。『言語の牢獄』の冒頭のニーチェからの次のような引用は、ダントーが言っていてもおかしくはない。

われわれが言語の牢獄のなかで考えるのを拒絶するなら、われわれは考えることを止めねばならない。というのも、われわれは、われわれの見ている限界が本当に限界であるかどうかを問う疑問よりも、遠くへ達することはできないからである（Jameson, F., *The Prison-House of Language: A Critical Account of Structuralism and Russian Formalism*, Princeton, 1972）［邦訳 フレドリック・ジェイムソン著、川口喬一訳『言語の牢獄：構造主義とロシア・フォルマリズム』法政大学出版局、一九八八年］

間違いなく、ダントーは、ジェイムソンが引くこの引用に明示されているニーチェの言語への関心を、構造主義の知的潮流が隆盛を極めるよりも前に、ニーチェのテクストから掘り出した。そして、二〇〇四年のダントーが、本当の哲学者へとニーチェ像を刷新したと自負するとき、その本当の哲学者は、一九六五年の段階では、論理実証主義者であった。ダントーは、当時の「現代文化」を診断的に語る者たちのあいだでは、「現在の世界に二つの優勢な哲学的傾向をみること」は、ありふれたことであると述べている（64）。その二つの傾向とは、「実存主義に代表される非合理主義的なもの」と「論理実証主義に代表される合理主義的なもの」である（64）。

私が唯一強調したいのは、あまりに当然のこととして現代哲学の非合理主義的な傾向の先駆者とみなされるニーチェが、彼自身の著作のなかでは、ほとんど全面的に論理実証主義の精神における哲学の主要な諸問題に向かう態度を示しているということである（64f.）

ダントーは、哲学的な主張を拒絶するよりも掘り崩す―というのも、ある哲学的主張を拒絶することとは別の哲学的主張を受け入れることになるからである―ニーチェの哲学批判は、哲学者の発言は真でも偽でもなく意味が無いとか、哲学者たちを多年にわたり使役してきた諸問題は擬似問題であるという見解の論理実証主義に（65）、少なくとも主体的決意性を説く実存主義よりは近いと判断したのであろう。しかし、〈実存主義／論理実証主義〉という二項対立図式は、ダントーが本当にニーチェに見いだしたものを表現するには不十分な道具であった。ダントーは、次のように述べる。「ニーチェの、分析的な哲学（意味に関する偏狭な実証主義の理論のみではなく）との親和性は、言語についての彼の没頭においてどこよりも明白である」（65）、と。そして、この場合の「言語」とは、この引用後のダントーの議論の展開からみて、日常言語のことであった（65f.）。[2]

実際には、ニーチェを本当の哲学者にしようとするダントー自身の哲学者像は、曖昧さを含んでいる。それには、当時のダントー自身の研究者としての立ち位置が影響している。『哲学者としてのニーチェ』と同年に発表されたダントーの処女作『物語としての歴史：歴史の分析哲学』新版の「序」によれば、この著作の構想は、「論理実証主義、論理的経験論の支配的環境下で、それらを超え出ていく試み」（アーサー・C・ダント著、河本英夫訳『物語としての歴史：歴史の分析哲学』国文社、一九八九年、「訳者あとがき」三八一頁）としてあった。ダントーは、ニーチェ論においては、こうした自身の分析哲学における立場の揺らぎを隠し、「序」と「モーニングサイド版への序」に明らかなように、ニーチェを分析哲学の思潮のなかで理解できるようにする役割に徹しているのである（xxi, xxv）。

　　私の本から「哲学者」として出現するニーチェは、見慣れないニーチェであり、分析哲学の中心的課題に貢献者として向かった（xvi）

2　ダントーのニーチェ論の特徴

⑴　ニヒリズム、パースペクティヴ主義：ニーチェの批判の批判的吟味

前述のように、ダントーは、ニーチェ哲学を「意味論的ニヒリズム」と規定する。では、その「ニヒリズム」を、ダントーはどのようなものとみなすのか。

ダントーによれば、一般に「ニヒリズム」は、「否定性と空性を内包する」(10)。彼の言う「空性のニヒリズム」は、具体的には、仏教やヒンドゥー教のニヒリズムである。両宗教は、ダントーの見方では、こう考えている。

われわれがそこに生き、知っているように思う世界は、究極的な実在性をもたない、われわれのその世界への傾倒は、幻想への傾倒である(10)

これに対して、「否定性のニヒリズム」は、トルストイの『父と子』に表現されている十九世紀のニヒリズムである(11)。このニヒリズムの信奉者は、伝統的な道徳、政治、宗教の教えに対して「否定的で破壊的な態度」をとる(11)。ダントーにとって、空性のニヒリズムも否定性のニヒリズムも、

「ニヒリズムの非ニーチェ的な形式」であり、「世界のなかに、ある秩序あるいは外的目的があるべきだ」と信じている（13）。しかし、ニーチェの「ニヒリズムの哲学」が主張するのは、「世界のなかに秩序はひとつもなく、まして、道徳的秩序はひとつもない」ということである（62）。ダントーは、ニーチェの哲学的ニヒリズムを、端的に次のように規定する。

ニーチェのニヒリズム——世界のなかに、客観的に存在する秩序や構造、われわれ自身が世界に与える形式に先行する秩序や構造は、ひとつもないという観念（177）

ダントーが規定したニーチェのニヒリズムは、本質的には、事実的な議論領域で働く概念であり、その価値的なニュアンス、道徳的なニュアンスは二次的なものである。そこに「空性のニヒリズム」や「否定性のニヒリズム」との違いがある。だから、ダントーは、世界に秩序や構造がないというニーチェのニヒリズム概念を、ニーチェの真理論の重要な要素として扱うことができた。ダントーは、次のように述べる。

ニーチェは、再三再四、あらゆるものは偽であると宣言する。彼が意味するのは次のことである。すなわち、世界には事物が一致する秩序はない（57）

これはニーチェの使う「真」、「偽」あるいは「虚構」という言葉の見かけの混乱を整理する第一歩である。ダントーは、ニーチェが真理の一致理論（57）を受け入れたうえで、真理などないと主張していることを解明し、また、ニーチェには、真理に関する別の見解もあることを明示する。ダントーによれば、ニーチェは、「真理のプラグマティックな基準を進めた」（54）のである。すなわち、

pがうまくいき q がうまくいかないとき、 pは真であり q は偽である（54）

ダントーが見抜いたように、ニーチェは、真理の一致理論と真理のプラグマティックな基準を同時に使い、まさに「迷宮」的な表現を紡ぎだす。しかし、ダントーは、本当に重要なのは、プラグマティックな基準にあるとみている。

深い意味での真理、実在と一致するという意味での真理は、もしかすると非常に重要というわけではなく、ひょっとすると少しも有用ではない。「真理は知のもっとも無力な形式である」。道具的意味での真理は決定的であり気分を引き立てる。真理の深い意味は、われわれが信じるものはどんなものでも偽であるとわれわれに確信させることで、ただ否定的な重要性のみをもつ。道具的な意味は、生にとって重要である（81）

したがって、ダントーは、ニーチェとともに、次のように言うことができる。

形而上学の虚構とは対照的に、科学の虚構は有益である（75）

世界に秩序や構造がないという哲学的ニヒリズムは、世界にどのような秩序や構造を持ち込むかによって世界が変化することを示唆する。ダントーが正しく理解しているように、世界に秩序や構造をもたらす働きを、ニーチェは「解釈」と呼ぶ。ダントーは、次のように述べる。

それ［常識］は、世界についての多数の可能な解釈のひとつにすぎない。（ニーチェには利用できない例を使うと）、ユークリッド幾何学が無限の数の可能な幾何学のひとつにすぎないように（58）

ここでダントーが述べているのは、いわゆるニーチェの「パースペクティヴ主義」のことである。ダントーがニーチェの言葉から選んだ規定では、「事実はなくあるのは解釈だけであるという教説」が、パースペクティヴ主義である（59）。この簡素な規定が示唆するのは、われわれがそこに生きる世界を含め、秩序や構造のあるすべての可能な世界が、解釈によって創造されたという世界創造説である。[3]

しかし、このように論じると、ニーチェのパースペクティヴ主義は、主観の認識形式の投影によって世界が現象する観念論的な理論であると誤解されるかもしれない。ダントーは、そうした誤解について次のように述べている。

ひとは常に、だれかが解釈行為を行うと言いたくなる。というのも、解釈行為は、それ自身によって、まるでだれもそれを行うことなしに進行する活動であるとわれわれが考えることは難しいから（88）

しかし、ダントーが指摘するように、まさにニーチェが言いたいのは、そうした解釈主体もまた、解釈によって生じるということである。ニーチェは、「心理的な原子論」を認めない（87）。

さて、以上のようなダントーによるニーチェ哲学の再構成は、主としてニーチェの行う事象の分析的な批判を、さらにダントーが分析的に批判吟味することで行われている。ダントーの『哲学者としてのニーチェ』は、その著作の全八章中の第六章までをニヒリズムとパースペクティヴ主義にもとづくニーチェの諸批判の解明にあてているので、ニーチェ哲学が、哲学的ニヒリズムとパースペクティヴ主義にもとづく諸事象の哲学的な批判であることを読者に印象づける。しかし、問題は、ダントーがニーチェの「肯定的な表現（affirmation）」と呼ぶ諸概念（178, 183, 194, 197）、すなわち、「力への意志」、「永遠回帰」、「超人」、「運命愛」といったニーチェの主要概念である。第七章から始まるそれらの概念の解明に、それまでのニーチェの批判の批判という方法をダントーは使うことができない。というのも、それらの概念に関しては、そもそもニーチェ自身の言説が少ないからである。

(2) 永遠回帰：ニーチェの発想の発展

ニーチェの説明不足の諸概念を、ダントーは整合性のある理論に発展させようと努力している。その努力は、彼の永遠回帰の解釈に顕著である。

ダントーは、ニーチェの『ツァラトゥストラはこう言った』や遺稿から、永遠回帰の概要を次のように構成する。

> 永遠回帰（Eternal Recurrence）は以下のような観念である。すなわち、そこにあるものはどんなものであれ再び再帰する。そこにあるものはそれ自身の再帰である。それはすべて前に生じたし、正確に同じ仕方で永遠に再び生じるだろう。無限の回数生じたことがないもの、そして、永遠にわたりそれ自身をきっちりと反復し再び生じるのでないものは、なにも生じない。世界の物語の始めも終わりもなく、中間もない。すなわち、再三再四、同じエピソードの常なる単調な出現があるだけである（183f.）

ダントーは、こうした概要の教説には「証拠」は存在しえないと述べる（186）。まったく同じものが回帰してきても、それはまったく同じものなのだから、回帰の痕跡は残りえないからである（186）。したがって、「愚直な検証主義者」なら、この教説を意味の無いものとして締め出すことができるとダントーは指摘するが（186）、ダントー自身はニーチェの遺稿を再構築して、ちょうど『ツァラトゥストラはこう言った』を書く前の時期の遺稿中のニーチェと同様に、この教説を支える諸前提を提起しようとする（186–190）。その内容は別欄のとおり。

別欄：永遠回帰を可能とする諸前提について

　１．宇宙のなかのエネルギーの総計は限定的である。
　２．エネルギーの諸々の状態の数は限定的である。
　３．エネルギーは保存される。
これらがニーチェのテクストから直接ダントーが取り出して整理した永遠回帰の諸前提である。ダントーはこれらの前提を検討し、これらの前提から永遠回帰を言うために次の二つの前提を付け加える。
　４．時間は無限定的である。
　５．エネルギーは無限の持続を有する。
しかし、これだけの前提では、あるひとつのエネルギーの状態が、つまり、ニーチェの言い方では「平衡状態」が続く可能性を除けないので、さらに次の前提を付け加える。
　６．変化は永遠である。
しかし、これを加えても、無限回生じた複数の出来事の回帰、ダントーが一番シンプルな例として挙げているエネルギーの状態Ａと状態Ｂが交互に続く永遠回帰のなかに、初めて状態Ｃが生じる可能性を排除できないので、ダントーはさらに次の前提を付け加える。
　７．充足理由の原則

全体として、熱力学の類似物（190）として永遠回帰を支える諸前提を構築しようとするダントーの努力は、永遠回帰を理屈に合わない奇説としてニーチェの本来的な思想から除外するボイムラーのニーチェ論[4]や、あるいは、永遠回帰については、ニーチェの他の教説との関連のなかでさりげなく触れるにとどめておこうとする多くのニーチェ論に比べて、おそらくニーチェ本人もあきらめた永遠回帰の科学的な理論化という難問に正面から取り組んだ試みとして評価できる。

しかし、こうしたダントーの努力は、まさにダントーがこの努力を示した一九六〇年代以降に発達したサイエンス・フィクションの、作品創作に随伴する世界観の構築の努力と類似したものである。つまり、永遠回帰の世界を、中途半端なその仕組みのヒントとともに提示するニーチェは、作品として描きたい主題[5]に説得力をもたせるために、永遠回帰を作品の背景として欲しがる映画監督の立場にあり、ダントーは、この監督のもとで、永遠回帰が少なくとも作品の現実味を損なわないように、永遠回帰に科学的な考証を加えるスタッフの立場にある。したがって、現在（二〇〇六年）からみれば、一九六五年のダントーがニーチェの意を汲んで行った永遠回帰の科学的な理論化の努力は、むしろ文学的な成果を、つまり、それを背景にしていくらでも物語を演じられるＳＦ的世界観に彫琢された永遠回帰を、もたらしたのである。

おわりに

二〇〇四年の拡大板『哲学者としてのニーチェ』のダントーは、一九六五年の彼と同様に優秀な研究者である。しかし、そのことが、パール・リヴァーの、あるいは、コロンバインの事件に対して、無責任な態度をとらせている。

ダントーは、「二〇〇四年の序」の最後に、ニーチェのテクスト内の多義的なメタファーは、破壊ではなく思考を要求するという趣旨のブレンド・マグヌスの意見に同意し、さらに次のように述べる。

ニーチェの武装解除の戦略的な観点から、彼の散文と少なくとも彼の比較的感じやすい読者たちとのあいだに防御盾を挿入するために、文学的解釈を哲学的分析と結びつけることで、私は、彼の散文を、それを運ぶメタファーに変形させる考えを熱狂的に称賛した。しかし、私は確信している。ニーチェは、彼が言ったところのものを、パール・リヴァー高校のテロリストが認めた文字通りの仕方で意味した、と。ニーチェは、彼の思想がメタファーに相対化され、熱心な勧めから文彩に変えられることを望まなかったであろう（xviii）

このように、ダントーは、ニーチェ自身は自分の言葉がメタファーとみなされることを望まないと推測しながら、[6] しかし、ニーチェの言葉に煽動されて若者が銃を撃つことを防ぐためにニーチェの言葉のメタファー化には賛成する、という分裂した態度をとることで、ニーチェの文学的研究者からも暴力的なニーチェ読者からも、距離を取っている。分裂した態度をとるダントーの意図が、それによって、彼の哲学的なニーチェ論を文学からも暴力からも守ることにあるならば、理論的にはそれに成功している。

では、哲学的なニーチェ研究者は、パール・リヴァーの事件に対して、積極的になにもしなくていいのだろうか。事件の責任は、ニーチェの諸作品の監督であるニーチェ本人にはあっても、ニーチェ監督のスタッフであるダントーにはないのか。ダントーは、あえて二〇〇四年の新しい序で、パール・リヴァーやコロンバインに言及しながら、高校生のテロリストと哲学研究者である自分との差異を強調することで、将来の高校生のテロリストを引きつけ改心させる能力を、彼の哲学的ニーチェ論に与えることを放棄している。ダントーが二〇〇四年の「拡大版への序」で行っていることは、自分の哲学研究が殺人事件と関係がないことを、自分の哲学研究が文学研究に対してもつ独自性を失わないように気をつけながら主張する、知的で高度な自己弁護である。しかし、それは、若者の暴力事件の解明にも予防にも寄与しない、社会的には意義のない韜晦である。

もちろん、ダントーが、このような自己弁護に終わるかどうかはわからない。ダントーがニーチェから学び、なおかつ、パール・リヴァーやコロンバインのような事件を嫌悪する者であるならば、研究者としての役割とは別に、そうした事件の生じる可能性のない秩序や構造をもつ世界の構築に向かうはずである。というのも、それが、ダントーの描出したニーチェのニヒリズムとパースペクティヴ主義がダントー自身を押し出す方向だからであり、彼が永遠回帰論の構築でみせた手腕は、若者が銃で同級生を殺さない世界のパースペクティヴを構想する力が、彼にあることを示しているからである。

【参考文献】

マイケル・ムーア「ボウリング・フォー・コロンバイン デラックス版」タキコーポレーション、二〇〇二年、カナダ。

湯山玲子、川口美保、海田恭子、木村重樹、ティファニー・ゴドイ著『M.M.M.M.（MICHEAL MOORE MEDIA MISSONARY）：マイケル・ムーアを撃つな！』タキコーポレーション、二〇〇三年。（「ボウリング・フォー・コロンバイン デラックス版」初回限定特典）。

ブルックス・ブラウン、ロブ・メリット著、西本美由紀訳『コロンバイン・ハイスクール・ダイアリー』太田出版、二〇〇四年。

G・H・フォン・ヴリグト著、服部裕幸監修／牛尾光一訳『論理分析哲学』講談社学術文庫、二〇〇〇年。

註

Arthur C. Danto, *Nietzsche as Philosopher*, New York, 2005. このテクストからの引用参照箇所は、頁数を丸カッコでくるみ、本文中に記す。［本稿執筆後に翻訳が出たので紹介しておく。アーサー C. ダント著、

眞田収一郎訳『哲学者としてのニーチェ』風濤社、二〇一四年〕

1 ダントーは、「超人」をドイツ語のまま Übermensch と表記し、英語でよく使われる Overman も Superman も使わないので（178f.）、ここで Superman を使うこと自体にダントーの否定的態度が現れている。

2 P. F. ストローソンへの言及がある（104）。

3 ニーチェの言語への関心は、言語がこの秩序や構造の担い手であるところにある。ニーチェが、「ツァラトゥストラの千年王国」を夢見る新世界の創造者であるとき、彼の言語への関心は、新しい言語の探究をともなうことになる。ダントーは、次のように述べる。「いっそう適切な言語は、彼はときどきこう示唆するのだが、そこに名詞ではなくむしろ動詞のみがあるものである」（226）。「言語についてのニーチェのヴィジョンは、動詞だけで作られている」（227）。

4 Baeumler, A. , *Nietzsche der Philosoph und Politiker*, Leipzig, 1931.

5 例えば、ニーチェの場合は、目的と意志の世界からの放逐、あるいは、運命を愛する境地であろう。

6 もっとも、初版では、真理も概念もすべてメタファーであるという初期ニーチェのメタファー論をダントーは取り上げているのだが（21）。

センチメンタル・メロンパン

序

生徒が感想文を読み上げるのを聞きながら、わたしはほとんど寝ていたに違いない。もちろん、顔には仕事用の笑顔が貼りついていたし、長年の教師生活で首は自動的に小刻みにうなづくように仕込んであったのだが、そんな小細工でごまかせないくらいの爆睡であったはずだ。

その日、わたしは三徹であった。論文を書き上げたのが深夜になってしまった。「ニーチェ論と暴力」というタイトルの珍妙な発表を、まあまあまともな部類の論文に仕立て上げるのに意外と時間がかかったのだ。不気味に静まりかえる竹田街道を自転車で北上し、中央郵便局の夜間窓口から速達で出した。当時、学会誌の論文は、締め切り当日必着が多かった。中央郵便局からだと町のポストよりも一日早く届くので、その分粘って推敲できる。院の先輩から代々伝わる秘技だ。結果、しばしばわたしたち学者修行者は、夜中とも早朝ともいえる時間に、京都の町を疾駆することになった。

太宰治の『走れメロス』を選んだのは、エリザベス自身だった。エリザベスというのは純国産の女子生徒の自称で、本名は……まあ、いいだろう。ある日の倫理社会の授業で、話があちこちに転がって、なぜかわたしはこう宣言したのだった。

太宰も読んだことのないやつに

教える哲学などないわ、ボケ！

今なら大問題だし当時でも中問題くらいにはなりそうなひどい言い方だが、幸運にも生徒はキャハハ先生が怒ったと大受けで、わたしは今も教育業界で働けている。とほほ…。エリザベスは、新人教師であるわたしの教育係担当の生徒で、生徒たちに笑われ続けるわたしを救うべく、じゃーあたしが読んでくるよ、と請け合ったのだった。（ちなみに、教師の教育係担当の生徒というのは、昔そんな制度が高校にあったということではなくて、その高校のおしゃまな女子生徒たちが勝手にやっているだけだ。）

エリザベスは実に堂々と原稿を読み上げた。正直『走れメロス』を選んできたとき少々がっかりしたのだが（中学生の夏休みの課題図書かよ）、彼女の読みっぷりのすばらしさには引き込まれるものがあった。以下、エリザベス作『走れメロス』より引用。

メロスは犬である。白い子犬だ。首にリードをつけられて、広い舗装道路の真ん中を走っている。幹線道路とかではない。周りは散歩する人間たちばかりで、どうやら木立ちの中を通る歩行者専用の道みたい。岡崎公園とか代々木公園とかそんな感じ？ メロスはちょっと得意げにみえる。道行く人が笑顔で噂するからである。たぶんリードを握るご主人さまが自転車で走り、それをメロスが追いかけるのがかわいらしいのだろう。多くの子犬がそうであるように、メロスもまた自分がかわいらしく、人に好かれることを承知していた。隣のクラスの○○ちゃんと同じだ。まさしの「もうひとつの雨やどり」は真理を含んでいる。ご主人さまは、そんなメロスの傲慢をたしなめるため、自転車の速度を上げた。ご主人さまは、運動靴にジャージにジーパンという安い服装のおじさんである。にもかかわらず、傲慢を憎む正義の男であった。［以下略］

わたしは寝ていたに違いない。『走れメロス』がこんな話のわけがない。夢の中で別のメロスを創作してしまったのだ。きっとエリザベスなんて生徒もいないんだ。そもそもわたしが高校の先生なんてのも嘘だろう。きっとわたしは孤独な老人で、若い人たちに囲まれている人生を夢想しているんだな。あー、寝ている最中なのにまだ眠いや。

後日、ジュンク堂で本を物色中に事態が読めた。その年、角川書店は、恒例の夏のキャンペーンで、若い写真家梅佳代の作品を使った特製柄のカバーを角川文庫につけた。『走れメロス』には、自転車に乗ったおじさんに引かれて走る子犬が写っている。なるほど、これか、エリザベスよ。できれば表紙だけでなく中身も読んで欲しかったなあ。（ちなみに、その年かどうかは定かでないが、ある年の角川文庫のキャンペーンには若き松山ケンイチの麗しい立ち姿がフィーチャーされたデザインの栞が付いていて、キャッチコピーは「答えはまだ見つかりません。」であった。妙に哲学の徒に似合いの言葉で、印象に残っている。）

第一部　メロンは走れません

1

おいおい嘘だろとオレは漫画のキャラのように日常生活で言語的に分節化されるはずもない心中の当惑とでもいった無形の思いをはっきりと口にした。とほほと本当に言う演技過多なやつのようで嫌だったが、仕方がない。ちなみに人が実際にとほほと言うのを見たのは人生で一度きりで、そいつは大学のサークルの友人だった。とほほと平気で言う剛の者だけあって今では漫画誌の編集長になっている。しかし、古き友よ。なんか自分の業界を描いた自己言及的な思想性を気取ったものの、実は単なる内輪ネタに逃げているだけの漫画のキャラみたいな人生だな。

とほほ。

出世した古い友人の人生を嫌味に批評するなんて恥ずかしい。妬みという感情は、なかなか甘美で大好物だ。いやいやそうではなくて、事態に正面から向き合わないとな。結局小説の主役に抜擢されるようなオレであるからして、太宰治が描写したような「単純な男」であるはずもない。オレは単純な男を演じる自分をきちんと操作できる名優であり、最後までそのポリシーを貫いて見事に散り花を咲かせたい。そして、小林秀雄の評論の典型例になりたい。例のあの、人間は死んでようやく本当の人間になるとか戦時中に書いた名文の実例になりたい。……のであるが、なぜかオレの美しい肉体が動かないので困るのである。なんとしても立ち上がり、幼なじみの石工の待つシラクサ市（あれっ！町の名前違ったっけ）に陽が落ちる前に戻り、暴君ディオなんちゃらに信実が実在することを見せつけたうえで処刑されねばならない。それこそが小林秀雄にも誇るべき、オレの物語の完成なのだ。が、体が臆したのか動けないとは、とほほ。

打開策を探るために、まずは状況を整理しよう。

昨日は妹の結婚式だった。日取りが決まったのは一昨日だ。というか、オレの事情でオレが強引にそう決めた。もともとはそんなに結婚を急ぐつもりも必要もなかったが、結婚式の準備の買い物で訪れたシラクサでオレがやらかしちまって、昨日のうちに挙行しないとならなくなった。そうでないと、たった一人の生きている妹の家族として結婚式に参加することができなくなった。新郎は健気な牧人で、ええっなんで急にこっちの用意がとかブドウの季節がいいんだけどとか一晩渋っていたが、そこはそれ、キャラとしての濃度の違いってやつだ。新郎には、オレのように太宰に目をつけられるような個性はない。健気な牧人と主人公メロンがタイマン張ったら、勝負は初めから決まっている。夜明けまで話し合ったという言い方でやつのプライドを慰撫しつつ、結局はオレの物語にやつを飲み込んでやった。

ところで、ミゾグチとかいう作者気取りのバカ教師は、さだまさしの「主人公」の歌詞が人生哲学の究極真理の一つだとか授業で言っているらしい。こんな歌詞だ。（おい、そこのきみ！くまだまさしじゃないぞ！　ここ重要だからな！）

あなたは　教えてくれた
小さな物語でも
自分の人生の中では
誰もがみな主人公
時折り思い出の中で
あなたは　支えてください
私の人生の中では
私が主人公だと[1]

なるほど、さだまさしはうまいこと歌う男だ。でも、オレに言わせればこれは耳触りのよすぎる嘘だ。もちろん、流行歌というのは人生の夢なのだから嘘でもいい。よくないのは歌詞を過剰に読み込んで誰も傷つけない美しい物語をでっち上げるミゾグチだ。学生から文句の出ないゆるゆるのいい話で給料をもらおうという保身が見苦しい。でも、オレは知っている。ミゾッチが愛聴しているのは筋肉少女帯の「労働者Ｍ」で、そこではこう歌われているということを。

アリストテレスはただの人
アルチュール ランボーもただの人
ニーチェなんかもただの人
人間とはミトコンドリアの様な物だ！
働け　働け[2]

なあこっちがおまえの本音なんだろ、ミゾちゃんよ。ちくしょう学生を騙す呆れた外道教師に成り下がりやがって、生かしておけぬ。……ん、んん？ そうだったのか！ オレは本当は一都市シラクサの暴君なんかよりも、この世界の執筆者をこそなんとかせねばならぬのか。しかし、もう遅い。そこに気づく前にオレはディオが人を信ずる事が出来ぬ王であり、親族をはじめ臣下も領民も殺していると聞いてしまった。オレは単純な男でなければならないと太宰（とミゾグチのバカ）に決められているから、オレは無計画に王宮に行きすぐに捕まらざるをえなかった。当然、王の暗殺未遂で処刑されるであろうが、親友の命を質草に泣きの三日の猶予をもらった。そして、今日がその三日目の朝なのだ。（なあみんな、オレがんばって説明したけど、わかりにくかったかな。でもさ、ようは太宰のアレを読めばいいだけなんだよ。説明ゼリフを作るのってメンチャイから全文引用しようとしたら、それはダメだってさ。）

さてさて、経緯を振り返ってみたもののまったく打開策は思い浮かばないな。依然として体が動かないという事実が残るのみだ。……んーん、なんなんだよこれ？　金縛りってやつですか？　それと、話題にするのが怖かったんで無視してたんですけども、隣で添い寝しているこいつは、だれなん？

「ああー、どうもどうも、通りすがりの賢者です。よろしく！」


こうしてオレの寝床で、オレたちの戦いが始まったのだ。

2

「いやー、おかしくておかしくて、我慢できずに出てきちゃいましたよー。愚かですねえ、メロン先輩は。起きて走って歩いて走って、倒れて立ち上がって走って走って、シラクサにまで行こうだなんて。無理ですよー。だって動けないんですから。今までだってそうですよー。先輩は一ミリだって動いたことなんてないんですからね。」

「そりゃあ、今は動けないさ、見知らぬ後輩くん。きみがやたらと長いその両袖でぼくの頸動脈を決めていてはね。どうやらぼくは、落ちる寸前といったところだね。」

「おやおやメロン先輩。なにやらまたしても誤解を、いやいや韜晦をなさっているようですね。先輩は柔道技で意識が飛んでしまうから動けないわけではありませんよ。」

「いやいやいや、そういうことでしょう、この体勢は。」

「またまたまた、ご冗談を。この体勢ってどの体勢のことですか。そんなの意味ないではないですか。」

「だ、か、ら、きみが寝ているぼくの背後にピッタリ張り付いて袖で首を締めているこの体勢のことだよ。」

「困りましたねえ、先輩は。いつまでそんなことを言っているんですか。体勢ですか。体の勢いですか。それならとっくにもうシラクサですよ。石工と平手でどつきあいをして抱き合って、ディオ王がやっぱ信じ合わなきゃダメっすよね、オイラもダチになりたいっすってデレて、急に現れた少女に緋色のマントをもらって、メデタシメデタシです。」

「なんだそれ！　超展開かよ。なんでそうなるんだよ。」

「またまた先輩、知っているくせに。」

「わからん、教えてくれ。」

「わたしはなにも知りません。あなたが知っているんですよ、メロン先輩。」

「……ほお、三番目の目のことを知っているのですか。」

　捨て台詞を残して、あいつは消えてしまった。声質も口調も変わっていた。サードアイを開いて変身したのだろう。さて、どこへ行ってしまったのか。一筋縄でいかない相手であると覚悟していたが、こうもあっさりと逃げられるとは。しかし、諦めませんよ。愛する先生のため、わたしはあいつを取り押さえてみせます。

石工のセザンヌは、いつものように街道に面した階段の一段目に座って絵を描いていた。それは不思議な石造りの階段で、きちんと作られているのに上りきったところにはなにもないのだ。噂ではかつては六の立法数の段で家の壁に到達したというが、それも変な話だ。ただの壁に達する外階段なんて、どう使ったらいいのか。噂を聞いた人はたいてい玄関の間違いだろうと思ったようだ。しかし、どういうわけかそれをはっきりと訂正する人もなく、今でも壁に達する階段として話は伝わっている。なら実際に見に行けばいいではないかと腰を浮かす酔狂な人もいたが、残念ながら、だいぶん昔に家そのものがなくなっていて、確かめようがないのである。

石工がそこで描いている絵は、そのときそのときでいろいろであった。戦争写真のように写実的なこともあれば、子供部屋に散らばる積み木のように抽象的なこともあった。あるいは、古い家庭映画のモノトーンのときもあれば、ロボットアニメの新作の戦闘シーンの目にチカチカする色調のときもあった。素人じみた節操のなさで、とても一人の個性ある作家の作品とは言い難いが、石工の絵はどれも立派な出来栄えであった。村人たちは台所や玄関口の質素な飾りとして石工の絵を欲しがった。石工は、天候が許す限り階段に座り絵を描き、絵にさらに手を入れるのに飽きると、気前よく村人にあげていた。

そんな石工が今描いているのは、無数のメロンパンであった。いや、よく見るとそれは、無数の視座から描いた一個のメロンパンのようにも思える。村一番の知恵者として知られる小学校の校長は、あれはメロンパンたちでも一つのメロンパンでもなく、特定の一つのメロンパンであり、しかも、自分をメロンだと思い込んでいるメロンパンであると論評した。が、もちろん村人たちにはなんのことだかさっぱりわからなかった。すかさず警察署長が、あれはメロンになりつつあるメロンパンだと言い、村一番の知恵者の座を奪おうとしたものの、村人たちは彼の主張を途中で遮り、一体いつになったら去年森で行方不明になった少女は見つかるのだねと尖った目を彼に向けた。すると、いつものように元陸軍大佐がまああと調停に入り、結局あのメロンパンは、先日東京の大学で開かれた学会で『ツァラトゥストラはこう言った』における永遠回帰」という奇妙奇天烈な発表をして火星に追放された、メ・ロン・パ博士の戯画なのだろうと、常識的な見解を示してみんなを黙らせた。

夕方になり、どうやらこの絵もこれまでだと直感した石工は大きく伸びをした。そして、チラッと絵を見てどうも美味そうには見えないのだがと呟きながらまわりを見回した。しかし、折り悪く、村人は夕飯の支度でだれもいなかった。石工は仕方なくメロンパンを裏返すとそこに新しい絵を描きかけたが、もう日が暮れると気づいて石段を後にした。

メロンパンは置き去りにされた。

こりゃあかん。マジ動けん。ちょっと太宰先生、ベタでヘヴィーなハードルを設置しすぎ。増水で橋が流されて泳がなあかんとか、山賊とやりあって逃走とか、全身が疲労の布袋になった気分だよ。ああー休みたい。もはや芋虫ほども前進できん。セザンヌよ、オレがんばったんだよ。わかってくれるでしょ。死んで詫びるから、あの世で土下座で許してちょ。くやしいなぁ。ディオ王は勝ったと思うよな。友情とか信頼とか、やっぱないじゃんって口の端をちょっと持ち上げて皮肉に笑うんでしょうなあ。で、オレが自分の命欲しさに逃げたって大宣伝して、見せしめのためにセザンヌを残酷な方法で殺すわけだ。いやあ、そういうことじゃないんだ、ディオ王よ。だって、信実は精神の領域で、疲労した体は物質の領域だもの。動ける物理的コンディションにないと体は動けないって。じゃーまあ寝るんで、ごめんな、セザンヌ。疲れているときの道端の草むらって、びっくりするくらい気持ちいいんだよな。なんか童心に帰るわ。

……んっ、んんっ！この水うまっ！てか、いつのまにオレ泉の水飲んでんだ。体が勝手に必要なものに飛びついたってことか。オレは寝たい、体は飲みたい。オレはオレ、体は体ということね。いいでないの、自由で。あー美味しい。なんか元気が出てきたよ。体が水分補給してオレが元気になるってのはなんか体に負けたみたいでシャクだけど、ディオ王に負けるよりははるかにマシか。よっしゃ、もうひとっ走り行きますかー。ぐげっ！

「ダメー。メロンはここで僕様ちゃんと遊ぶのだー。」

背後から腰にきれいなタックルを決められて、オレたちの戦いの第二幕がはじまった。

「さて問題です。メロンはシラクサにたどり着けるでしょうか？」

「おまえが手を離してくれたらな。」

「うにー、つまらない答えだなあ。どうして太宰はこんなのを主役にしたんだ。もっとギリシア人風の会話をしようよ。例えば、……友よ、それはいったいいかなる問いなのか、賢いきみのことだから、見たまま聞いたままの意味ではないのだろう……、とかさ。」

「いや、オレは単純な男だから、ただ目的地に向けて走るだけさ。議論好きのギリシア人とは別の人種だ。」

「ならば問おう。きみはシラクサに向かう途中に、シラクサの門を通るのだね？」

「いやだから、そういう問答をしている時間はないっての。」

「なるほどなるほど、議論するまでもなく通るということだね。ならばきみは、シラクサの門を通る前に、門の手前一スタディオンの地点を通るのだね？」

「わかったわかった、つきあってやるから手短に頼むよ。そうだよ、シラクサの門にたどり着く前にその手前一スタディオンの場所を通るよ。」

「ならば問う。一スタディオン手前を通る前にはさらにその手前一スタディオン手前を、そのさらに手前一スタディオンを通る前にはさらにその一スタディオン手前を通るのだね？」

「そのとおりだよ、順番に目的地との距離を縮めていくんだよ。」

「メロンよ、想像してみたまえ。わたしが手を離せばきみは走り出そうとするだろう。……ありゃりゃ、メロンの利き足はどっち？」

「利き足？　考えたことないなあ。右でいいんじゃない。」

「んじゃ、それで……メロンよ。しかし、その右足の一歩目は、いつになったら踏み出せるのであろうか。

一歩歩むためには、半歩歩まねばならない。半歩歩むためにはそのまた半歩を。メロスよ。きみが動くことなど、まったく出来ない相談ではないのかね。」

「理屈だな、それは。おまえがなんと言おうと、オレは走ると決めたのだ。」

「うにー、度しがたき愚物だよ。理論を理論として受け取るからたんなる理屈なのだ。さっきも言ったじゃん。想像してみようよ。理屈に合わない一歩を踏み出せるとしたら、それは夢の中ってことじゃないの?」

「んん? 走ったところで、それは現実ではないとでも?」

「さあーね。僕様ちゃんにも、なにが本当かはわかんないよ。現実とはなにか! なんつって、てへっ。」

3

なにか気がかりな夢を見て目覚めると、わたしはまた別の夢の中にいた。わたしは美しい老人の前で嬉しげに報告をしていた。先生、また仲間が増えました。太陽が昇り川が流れ木の葉の舞うこの世界はフィクションであることを、本当の世界の姿はまったく動かない一つの球体であることを、田舎の若者に理解してもらいました。わたしの心には先生に対する愛情が溢れていました。しかし、そこには一筋の淡い悲しみが混じっていました。先生、先生のお説のとおりであるとすれば、わたしも先生もフィクションなのですね。このわたしの先生への思いも、儚い幻にすぎない。ああ、そうわかっていても、愛を止めることはできない。先生、大好きです。先生をライバルたちに勝たせて差し上げたい。わたしの心で愛が反転し、敵に対する強烈な憎しみが生じてきました。わたしの全身から力が溢れ、真理がグランジとなって飛び出しました。

水　偽り！
無限定なもの　偽り！
空気　偽り！
数と調和と音楽と輪廻転生　偽り！
火と流転と生成と闘争　偽り！
火水土空気の四根と愛増　偽り！
スペルマタとヌース　偽り！
原子　偽り！
人間　偽り！！！！

「アレーテイア、これこそ本当のこと！　でも、ドクサの道もあるかもね、てへっ」

興奮するわたしを前に、先生は穏やかに微笑み、小さくうなづくのでした。

その夢から覚めると、わたしはまだ夢の中でした。それもキルケー・ゴーとかいう宗教学者の夢の中でした。わたしはいつものように人々を教化していました。矢は理屈では飛ぶことはできない、飛んで見えるとしたらわれわれの目が偽っているのだ、とか。わたしの声が先生の教説のすばらしさに感動して高まってくると、道端に放置されていた大きな樽から老人が出てきました。わたしたちはそんなところに人がいるとは思っていなかったので、びっくりしました。無言の聴衆の中を老人はわたしに近づき、目の前を面倒臭そうに行ったり来たりして、また樽に帰って行きました。

その夢から覚めると、わたしはまだ夢の中でした。わたしは、海に向かって座りながら、自らについて熟考していました。遠くに軍船がこちらの動向を窺うように揺蕩っていました。わたしはやたらと長いぎったんばっこんの端に座っていて、同じように揺蕩っていました。……ディオ王というのは、ひどい役だよな。人を信じない権力者というのはいくらなんでもステレオタイプにすぎる悪役だ。それにどうにも飲み込めないのは、人間が私欲の塊だから信じられないという彼の理屈だ。本当にこう考えているとすれば、ディオ王というやつはたんなるバカだ。人間の定義的特徴が私欲だとしても、だから信じられないという結論に必ずなるわけではない。欲があるから行動が周囲にもわかりやすいし、周囲もその欲と折り合いをつけやすい。信頼関係を築きやすい状況だよな。あー、オレはこの役を演じきる自信がないよ。監督なり助監督なりに、演出して欲しいものだが。このままでは、シラクサにメロンが戻り信実の勝利を石工と喜んでいるシーンで、どんな感じであのデレたセリフを言ったらいいのかわからない。だって、あのセリフ、和解して友達ができることを欲した、という意味じゃないか。なら結局、私欲がディオ王の行動原理であるということにならないか。うーん、ディオ王は、はたしてメロンに勝ったのか負けたのか。案外、ディオ王は、わしの心にあんたは勝ったとかメロンに言いながら、なーんてねと心で舌を出しているんじゃないかな。

悩むわたしの前をおじさんが通って行きました。彼の名前は、F=pVgでした。そして、この名前の男なら当然そうするであろうことをしました。つまり彼は、ぎったんばっこんの向こう端にどんと腰掛けて、わたしを転ばしたのでした。

その夢から覚めると、ぼくらは黎明の中、線路を歩いている。

第二部　スタンドはいつも側にいる

……ぼくらは黎明の中、線路を歩いている。

枕木やら砂利やらで線路は歩きにくい。線路を行くとリーダーに聞いたので、ぼくはてっきり線路沿いの脇道を行くのだと思っていた。しかし、ここには片道分の線路しかなくて、その二本の鉄路のコンビが、森やら草原やらを孤独な身を寄せ合いながらも同化せずに果てしなく続いていく。それはまるでルパンと次元の二人旅のようだ。五ェ門も不二子も助けてくれないし、銭形も追いかけてこない。ここには鉄路に並走する道なんてないのだ。幼年時代、ぼくは東十条駅の鉄橋から見下ろし、来ては去りゆく車両をぼーっと眺めるのが好きだった。そして、この数十本の鉄線の先には埼玉という田舎があるんだなあ、と感慨に耽ったものだ。しかし、昨日と今日でそんな感慨は都市の子供の空想であると思い知る。埼玉が田舎ならここは未開の地だ。きみに言っておこう。町に鉄道が複数あり、そこを走るのが電車であるなら、その町は文明の恩恵を受けた大都会だ。

ぼくたち四人は、もう一日と半分ほども鉄路の砂利道を歩いている。ずっと歩きどおしみたいなものだ。夜は脇の森の空き地で寝袋に入ったけれど（線路上を寝ていて轢かれては困る）、動物たちの不気味な声に怯えたぼくたちは交代に見張りに立った。だから、たぶんだれもきちんとは寝ていないと思う。ぼくは明け方に睡眠を諦めた。そして、寄ってきた鹿といささか込み入ったやり取りをしながら、出発の時を待った。無理にでも寝ておけばよかったかな。そんな後悔もあって、ぼくは少々不機嫌だ。……だれだよ、列車に轢かれたかわいそうな少年のボディを先に見つけてネット配信して儲けようなんて言いだしたのは。町から五十キロも離れた密林の川のあたりにボディがあるという情報をもってきたのはフトシだったな。それ、金になるねと言ったのは、ええっと、なあフトシ、だれだっけか？

「ああっ？　だれだよ、フトシって？」

ぼくはびっくりして言葉を続けられなかった。いつのまにかぼくらは二人になっていた。ぼくはてっきり、四人の十二歳の少年たちが二日の旅をして大人になる物語だと思っていたのに、ぼくらは二人なのだ。そして、フトシはもういない。いやはじめからいなかったのか。そして、ここにいるのは、背が高く手足が長くグラマラスなシルエットのお姉さん？　……いや、あんたこそだれなんだよ？　全身真っ赤なコーディネイトって、赤い彗星コス？

「そいつはご挨拶だなあ。おまえがなにやら考え込んでいるんで御前に登場してやったおまえの友だちじゃないか。」

「友だちだって？　あなたなんて知らないです。」

「知らないから友だちじゃないとは言えないさ。」

「未知の友？　映画になりそうなレアケースに思えるけど…」

「…けど、実はよくあるケースなのさ。瓶ビールのケースより日常的さ。」

「……子どもだと思って、なめてます？」

「おや？　子どもキャラの設定だったのか？」

ぼくが子どもらしく話せていないとすれば、それはぼくのせいではなくて作者の能力の問題だ。本当はプロ作家さんに書いてもらいたかったのだが、お金がないのだ。お金がないのは作者の責任ではないのだ。がんばって働いているのに、貧乏になるばかりの社会が悪いのだ。ブツブツブツ

「批判されて動揺するなよ。聞きたいことがあるんだろ？　まずはそれを問え。」

「もう聞いたじゃないか。あなたはどなたかってことだよ。」

「ん？　知らないのか？　こういったパターンではお決まりの答えで申し訳ないが、あたしはおまえだよ。」

「あっ！　謎解きを先に言った！」

「しょーがないじゃん。だってこのセクション、デカルトの話だろ？　ネタがメジャーすぎるって。」

「ああっ！　それも言った！　このあとどうするんだよ！」

「我思うゆえに我有り。おまえが思う我で、あたしが有る我。って、なんだよ、おまえのほうがあたしより弱そうだな。」

「弱いってなんだよ！　思うのほうが有るより弱いってなんだよ！」

「思う我だけあって小細工しすぎだ。おまえが少年ってのも、叙述トリックだろ？」

「あー、わかったわかった。実はおじさんでしたというのはもうバレバレということだね。」

　真っ赤な服を着たお姉さんは、ぼくの肋骨を一本奪った。いや、嘘だろ。どうやったのかもわからない。ぼくは激痛で言葉を失った。

「それもトリックだな。おまえはあたしなんだから女だよ。つまりおまえはボクっ娘でしたってネタだろう？」

「……」

「急に無口になるなよ。冗談だって。デカルトの我に性別はなしだ。まあ、基本的には。個人的意見としては、デカルトだって男なんだから、女も含めた我について知った風なこと言うなって感じだが。」

「……」

「なんだよなんだよ、ボクっ娘（仮）。もっと話そうぜ。あたしっ娘が現れたらお仕事終わりかよ。つまんないなあ。じゃー、あたしがバンバン話しちゃおーかなー。よい子のみんなー、お姉さんが世界の秘密とか明かしちゃうぞー。」

4

「きみたちはやはり一人には見えないな。普通に二人だ。」

貯水槽の脇から東洋人が現れて、自然な感じで話に加わった。

「突然すみません。名乗りもせずに失礼しました。わたしは信忠と言います。」

「ああ、織田信長の息子の信忠かい、って、なんでやねん！　なんでここで武将キャラ？　そしてなんであたしは信忠の説明をする？」

「幽霊みたいなものですから、お気になさらずに。ちょっときみたちの脳みそに細工をしただけです。」

「いた！　デカルトが『方法序説』で気にした魔物が本当にいた！」

東洋人は慇懃な物腰からは意外なほど大きな声で快活に笑った。

「ハハハ。精神をいじくって一足す一を三としか考えられないようにする魔物ですか。数学の定式さえも真ではない可能性の元凶の？　はははは、これはおもしろい。」

「おもしろくないね。自分で幽霊と名乗るやつはそれが本当でも嘘でもヤバイやつだ。」

お姉さんは真っ赤なピンヒールの踵の一撃で足元の石を砕いた。

「うん武人の目になりましたね。強い力を感じる。戦さ場ならばお相手してもいいが、今は急ぐのでしょう。ボディを探しに行かなければならないのでは。」

お姉さんと東洋人は線路上を歩き始めました。それでいいのです。これは目的のある旅であり、歩きながらでも話はできるのですから。

「信長はどうなった。」

「死にました。例の本能寺で。おそらくはわたしもまた。」

「それで幽霊かい。」

「死んでいる自信も自覚もないのですが。」

赤いお姉さんはチラッと東洋人の顔を横目で見てから、話を続けました。

「では、おまえが幽霊と仮定して、やっぱり幽霊としてはボディが欲しいというわけかい？」

「そんな取り憑く系の化け物みたいな。」

「違うのか？」

「違います。わたしは幽霊(仮)ですから、別に体は欲しくない。体が必要なのは、精神でしょう。ねえ、ぼくちゃん？」

「ボクっ娘に話しかけるな。彼にして彼女のそれは、今はしゃべれない。」

「そうですか。」

「しかしだ、若殿さん。ならおまえの目的はなんなんだ。幽霊の気まぐれかい。」

「いいえ、わたしは天下人の後継者ですから、その役割をまっとうするだけです。今もそのつもりなのですが、どうも座標を間違えたようです。本能寺の炎上以来、水に惹かれてしまう。しょせんは幽霊ですから重心が定まらない、というか重心とかありませんし。」

「幽霊は物体ではないからな。物の理には従わないか。」

「そういうことです。ですからわたしは、突然に出現できたわけです。」

「幽霊の基本情報、ありがとうよ。」

「まあ、あくまで幽霊（仮）の見解ですが。」

「それをもっと聞こうじゃないか。ボディまでは遠いようだ。あたしは退屈が苦手でね。」


よく聞かれるのです。なぜ変のときに、京を逃げ出さなかったのかと。ご承知のように、わたしは二条御所に籠ったのですが、そのとき賊軍以外に畿内で動ける軍団はありませんでした。つまり、早期に援軍が来る可能性はなかった。一方、賊軍は京を封鎖していませんでした。そりゃそうです。父は前代未聞の天下人です。一瞬の隙を一点集中で急襲しなければ、信長のような歴史の特異点を滅ぼすことなどできはしない。悠長に京の封鎖なんてしていれば、父の情報網に引っかかってしまう。賊軍は、当然、安土城も放ったらかしでした。だから、まず安土まで逃走し、さらに岐阜まで落ち延びれば当面の安全は確保できました。実際、叔父の長益はそのルートで逃げて生き残りました。

岐阜城は織田家の本拠であり、わたしの本城でした。織田の家督はすでにわたしに譲られていましたし、大勝利に終わった東方戦線の司令官もわたしでした。つまり、わたしは織田軍団でも屈指の軍団長であり、天下人の後継者です。この変事を生き残りさえすれば、再起の機会はいくらでもあったのです。周知のように、徳川殿は、堺から伊賀越えで国に落ちのびられて、後年将軍になりました。おそらく父も、かれがわたしの立場なら、即座に京から逃げていたはずです。父は逃げるのもうまかったから。だが、父のセリフではないが、それは是非にあらずということです。事実、わたしは二条御所に入り、奮戦の末、父とともに京で死ぬのです。

さて、わたしの死に際のだれも知らないエピソードをご披露しましょう。まあ、二条御所から逃げおおせた人ならみな知っている話ですが、だれも後世に伝えなかったようなので。武将の逸話としては問題があるので仕方がない。なにしろ首だけになったわたしが、長益殿と奇妙な会話をしたという話ですから。

「叔父さん、叔父さん、ちょっと待ってよ。」

「わあ！　忠くん、まだしゃべれるの？　もう体は焼いちゃったよ。」

「信長の息子だもの、この程度は楽勝だよ。たぶん親父だって首を切断されたくらいじゃ死なないさ。叔父さんもやってみたらどう。信長の弟だろ？」

「やめておくよ。だいたい足がなくちゃ逃げられない。」

「ふーん。まあ、叔父さんの人生だから好きにしたらいいや。でも、少しでいいから話し相手になってよ。ちょっと考えをまとめたいんだ。」

「えー、早く逃げたいんですけど。」

「長益よ、お主の主君はだれじゃ。」

「はっ、信忠さまでございます。」

「そういうこと。まあ、そこに座んなさい。」

「はっ。……もう忠くん、ずるいなあ。」

「ごめんごめん。えーと、とりあえず首と胴がバラバラじゃあ、わたしの身体はもうおしまいだよね。」

「そうだね。」

「でもそれは物質としてのわたしのことだよね。では、精神としてのわたしはどうなるのか。物質の出来事は精神にどう影響するのか。叔父さん、どう思う？」

「物質と精神が完全に独立した別々の原理で成り立つものならば、両者の間に関係などが成り立ちようもない。それらは端的に別ものなのだから。もし物質と精神が関係するのならば、それらは一つの究極的な原理に還元されるのであり、その究極的な原理は、物質の原理か精神の原理か、あるいはそのどちらでもないが両者を含む原理であるかの三つのうちのどれかである。」

「おおー、いいねえ叔父さん。当代随一の文人武将の貫禄十分だ。……さてと、わたしが身体と精神から成り、今死にゆくは身体であり、精神がどうなるかは謎だとして、実はわたしが叔父さんの見解を聞きたいのは、この謎のことじゃないんだよ。わたしが不思議に思うのは、なぜ身体と精神なのかということなんだ。別に身体と理性と情動とか、筋肉と内臓と脳と感覚とか、色々とバリエーションはあると思うんだよ。人間の構成要素が二つで、それが身体と精神であるというのは、発想が貧困ではないか？」

「それはリニアな思考の結論部分を並べて図式的に俯瞰した感想であり、実際に思考した哲学者に対してフェアではない。哲学者はまず、明らかに確実な真理を欲し、見出したのは、思考する活動は現に思考しているのだから存在しているという第一原理であった。そして、この第一原理と同様に明晰かつ判明な観念は真理であるから、誠実な神が存在することは、第一原理と同様に真理であるとわかった。さらに、延長するものが存在するという、感覚情報としては明らかに正しい観念は、誠実な神が精神をごまかすはずはないから、やはり第一原理と同様に真理であるとわかる……あれっ、思考は精神の働きで延長は物質の働きだとして、神とはなんだ？」

「まあ創造の働きといったとこじゃない。いや、わたしが気になるのはそこじゃなくて、原理が三つあるというところなんだよ。でも、世間では、なんとなく神はなしにして、人間は身体と精神だってことにしている。」

「うーん。でもそれは、人間の構成を理解するためというよりは、世界を説明するための方便じゃないかな。人間の精神以外の部分は、身体も含めて延長する物体だとすれば、世界に関しては科学的な説明がとおりやすくなる。神は教会がうるさいときにだけ世界の創造主としてご登場していただき、通常人々は、物質に関する知識だけを追求していく。なんなら精神も物質の原理で説明したい……という時代の流れが影響しているのかも。」

「叔父さん、キリシタン大名のジョアンとしては、そんなことでいいのかい。」

「考え方のパターンを模索しているんだ。個人の信仰の問題は別さ。……んんー、原理を統合するパターンでいえば、神に身体（物質）と精神を還元してしまう手もあるね。その場合は、人間も含めて世界、というか自然、というか宇宙は神と同一だとなる。そして、神は、創造する働きでもいいけれど、存在する働き、と定義したほうがピッタリくるかな。」

「うんうん、なんかはっきりしてきたよ。わたしはどうやら、精神という規定では汲み尽くせない余剰をもっているようなのだ。その余剰は、身体でも精神でもないという意味で、神と呼んでもいいと思うけれど、その神は創造する働きでも存在する働きでもないようだ。」

「えっ、なんで？　第三の構成要素に言及するなら、それが身体と精神を統合して我を創造するもの、我を存在せしめるものであったほうが便利じゃん。」

「いや、それでは、わたしが整理されすぎるんだ。わたしが思うに、首だけになったわたしが思うに、神とは、異なる、という働きのことなのではないか。」

「うん？ 考える、延長する、そして異なる、か。新機軸でいいかも。」

「正確には、と異なる、という働きだ。」

「なるほど、拡張性を狙った新原理だ。人間は精神において考える、人間は空間において延長する、そして人間はそのどちらとも異なる。……いささか禅問答じみているが。」

「そう？ まあ続きは別の機会にするよ。叔父さんありがとう。心身ともにお元気で。」

「こちらこそ、ありがとう。仕えがいのある殿さまだったよ。賊軍に見つかって、晒し首にならないようにね。」

「ハハハ。気をつけるよ。」

5

赤いお姉さんは、高らかに笑いました。

「おいおいおい、無茶苦茶だなあ。利休十哲の有楽斎だけにお茶らけすぎだ。本能寺の変のとき、デカルトはまだ生まれてないぜ。あいつは秀吉の最晩年に生まれて家光の最晩年に死んだ。長益が変事に洗礼名ジョアンをもっていたかも疑わしいぜ。」

東洋人は尖った歯をチラリと見せて薄く笑った。

「時間についてはある程度の対応策を心得ていますので。」

「ん？」

お姉さんは短く疑問を表明しましたが、あとを続けませんでした。

「なんにしろ、わたしはそろそろ行こうかと思います。ジョアンの代わりをさせてしまったようで申し訳ありません。どうもだれかと話しながらでないと、自分が定かにならないのです。」

「ハハハ！　去り際にまた大きなテーマを連発するねえ。時間と自己か。そいつらにはちょっと興味があるんだよ。行っちまう前に話を聞いてくれないかな。」

「いいですよ。こちらの件でお付き合いいただいたんですから、そちらの件にもご協力します。」


あたしはさあ、なんだかんだで人類最強なんだよ。誕生時から最強で、誕生前から最強だった。最強として計画され、最強として造られたわけだ。造ったのは人間だよ。だから人造人間みたいなもんだな。で、人間としての悩み事とは無縁だった。というか、なにを悩んでいるのか本当にはわからなかった。勉強で困ったことなんて一度もない。いつのまにか知っていて、ああそのことかと得心する。それがあたしのお勉強さ。金もいつのまにかもっている。なけりゃ造る。最近は面倒くさいんで、銀行カードを作ることにしているけど。

あたしの最強伝説はいくらでも語れるけど、まあそれはまたにしとこう。あんたに聞いて欲しいのは、時間の魔物のことなんだよ。瞬間という名の門道上で出会ったんだ。いや、これから出会うのかな？まあいいや。やつはクロノスって名乗った。んで、ああなるほどといつものように理解した。クロノスといえば、ギリシア神話の神だ。第二世代の盟主で、息子が次世代の盟主ゼウスだ。で、この親子間でいろいろあるわけだが、それはまあ置いといてクロノスに話を戻そう。クロノスはのちに農耕の神とされるが、クロニクルの語源だから時間の神でもあっただろう。農作業は季節の変化とともに働くことだから、農耕の神が時間の神であっても別におかしかない。そして、その時間は季節の循環に具象化される。なら、時間の神クロノスの司る時間とは、円環構造の時間だ。実に古代人らしいね。

「この瞬間の門から道をどこまでも先に行くと……」

「この瞬間の門に戻るんだよな。引き返しても同じだ。ああそれ以上は言わんでいいって。もうわかったから。時間は円環だ。この瞬間も、いやすべての瞬間が、同じ順序で無限回にわたってくり返すんだ。次におまえは永遠回帰と言う！」

芝居がかった声音で時間が円環構造だという真理を語りはじめた魔物は、あたしに先読みされて混乱してたね。ああいうときは、魔物でも間抜けな顔をするんだな。ハハハ……あー！　わかったわかった、わかっちゃった！　笑ったらなんかわかった。つまり、あたしみたいな最強だと、時間の真理くらいの大物じゃなきゃ話し相手にならないってことだな。あたしは時間論と対面して、自分がだれかを自覚したんだ。メロンはメロンパンに出会い、本物のメロンになる。じゃ、この話はおしまい。

「えっ、おわりですか。」

「うむ、余は満足じゃ。」

「いや、殿さまキャラはこっちだから。」

「なんかごめんな。帰り際に引き止めちゃって。」

「いいですけど、……では、わたしは帰ります。楽しかったです。さようなら。」

東洋人は淡白に消えていった。

「帰るってどこにだよ。死んでるくせに。」

さて、と赤いお姉さんは一呼吸を置いて楽しげにぼくを見つめました。いつのまにかぼくの肋骨は戻っていました。なんだよ、この肋骨！

「いよいよボクっ娘の出番なわけだ。あたしを退屈させたら承知しないぜ、信長。」

「あっ！また謎解きを先に！」

「さあ、大爆笑のおもしろ話をどうぞ。」

「ひどい！」


やりにくいなあ。中部地方出身のおじさんだとばれてしまっても急におみゃーキャラにはなれないよ。ぼくはぼくらしく、このままやらせてもらうよ。信忠だって、本当は結構なおじさんなのに青年キャラでとおしたわけだし。……さて、依然としてぼくらは線路を歩いている。目的は、死んだ少年のボディを見つけることだ。スタンバイミー、スタンバイミー。言うまでもなく、この旅は人生の比喩だ。ぼくらはボディ、すなわち死体に向かって歩いているのだから。死を意識しながら死に向かい変化する。これこそまっとうな成長だよね。ぼくらはこの道を行くことで、正しい仕方で大人になる。ポイントは、死を思い死とともに歩むところだ。人生においてさまざまな目的がありうるが、真正な目的は必ず死を含んでいなければならない。だって、ぼくらはどうしたっていずれは死体になるんだからね。死に関わりのない目的は、人生の脇道だ。死を意識しないとなると、なにをやっても人生からの逃避にすぎない。


「あのさ。ちょっと聞いていいかい。」

「どうぞ。」

「線路を歩くというのは、線の上を点が一方向に移動するみたいなもんだろ。」

「線路を直線に、ぼくらを点に擬すればそうですね。」

「でさ、点が動くってのは、時間が進むってことだよな。」

「まあそうですね。」

「あたしは今、自ら未来に進んでいるわけだ。でも、立ち止まって話し込んでたって、時間は未来方向に進むよな。」

「比喩を比喩で揚げ足取りするみたいな話ですけど、言いたいことはわかります。勝手に進んで行く時間と自ら作り上げて行く人生をごっちゃにしてないかとおっしゃりたいのでしょう。」

「いや、そうじゃねえよ。おまえは人生の話をしているんであって時間の話をしているんじゃないとわきまえているさ。だからそこを批判したいんじゃない。あたしが気になるのは、どうして人生の線路の終点を意識する生き方が本来的な生き方で、そうじゃねえのがマガイ物みたいに貶められるのかってことだ。時間はどうしたって前向きに進むんだから、意図して前向きに人生を生きようとそうでなかろうと、人生としては等価じゃねえかなあ。」

「なるほど。」

「線上を自動的に一方向に動く点の体験的立場からすりゃあ、動くことは未来に向かうことでもあり未来がやってくることでもある。未来に行くのか未来が来るのか、どっちとみなすかはもう個人の趣味だ。未来に行く人生は前のめりの熱い生き方でよろしい、未来が来る人生は受け入れる度量のでかい生き方でまたよろしい……とは考えられねえか?」

「考えられますよ。だからぼくも人生五十年と歌い踊るのですもの。」

「だろ? なんか信長らしくねえ話をするなと変な気分だったんだ。」

「ハハハ、どんな信長イメージなんですか。ぼくは未来に行くとともに未来が来る派なんですよ。」

「なーる。どっちかではなくどっちもなんだ。戦国武将らしい強欲な生き方だ。天下を欲し、非業の死を甘受する。政治も文学もオレのものというわけだ。」

「そうです。……それに、ボディはたんなる死ではなくて死体なんです。つまり、それは死とともにある物体なのです。物体と出会うことで、夢見がちな少年から現実的な大人にぼくらは成長する。まさに即物的な価値観の世界です。ジョアンは愚かなことを言っていましたね。考えているときに考えていることは明らかに存在している、でしたっけ？　ハハハ、そんなふうに自分を発見するやつは、考えに考えて思考をピラミッド並みの巨大な物体にしてしまう哲学者だけだ。自分探しは物体との出会いで完了する。少なくとも、物体を有効に操作できる自分を発見するには、物体との出会いの道を行くのが最上です。」

「ボディは死と体か。それを口にするのが信長だとすると、なかなかにおぞましいな。」

「本能寺を反省するに、どうもぼくは十分に物体と出会っていなかった。下克上の動乱に生きながら、武将という物体の動きを理解しきれていなかった。武将を制する物体の開発も不十分でしたし。」

「武将を制する物体？　そりゃなんだい？　ブレストファイヤーとか波動砲とか？」

「ハハハ、まあそういった類のものもそうなんですがね、……青い鳥の展開なのじゃ。武将各人に芽生える我こそが、武将をコントロールするトロイの木馬なのでな。感情、欲望、理性、その他精神としての自己に属するエトセトラが、すべて強力な武器となるわい。わしはまだ天下取りを諦めてはおらん。」

「自由意志もかい？」

「それな。だからぼくはボディを探しているんですよ。先に精神というボディを見つけて研究しなくちゃね。茶器では武将たちの強い意志までは操作できなかったから。」

　赤いお姉さんは重畳だねえと笑いだしました。長い長い哄笑のすえに、弾むようなリズムで話しはじめました。

「そうかそうか、その手でいくのか。物体に関する知識を、誰にも有効という点では客観的な、おのれの生きがいという点では主体的な、客観的かつ主体的な真理として追求するのだな。いいアイデアだ。みんなマネするだろうよ。わたしがそのために生きそのために死ねるような主体的な真理が、万有引力の法則のような科学的に客観的な真理であるというわけだ。」

おもしろい、とお姉さんは楽しげに言いました。でも険のある目つきでした。

「するとおまえの本質は妄執だな。極東の島国の天下統一を目前で逃した怨念が、物質と科学の天下統一に加担して浄化されようともがいている。それがこの線路上の行進の実態だ。なんというか、……」

醜いねえ。

「ああそうだ。ツッコミし忘れてたけど、おまえら、言葉を都合よく使いすぎる。わたし、我、自己、人間、それらは別々の意味を担っているんだからよ。本当におまえが関心をもっているのはどれなんだ。きちんと確認しないと思考が思考を迷わすことになるぜ。……あれっ！」

線路上を真っ赤な女が立っていました。背が高くて、手足が長くて、グラマラスで、まるで少年の夢に出てきそうな理想のお姉さんでした。彼女は怒っていました。どこかで使いたいセリフがあったのに、言い損ねたのです。彼女はこう言いたかった。

次におまえは松山千春かよと言う!

でも、ぼくはそこまで持ちこたえられませんでした。思春期に入った少年には、醜いことは悪であり存在する資格がないのです。真理は真にして善にして美であるという伝統的な真理観は少年の哲学でもあります。だから、ぼくは消えるのです。さようなら、みなさん。エンディング曲は、一九七八年のヒットナンバー、「季節の中で」!

めぐるめぐる季節の中で
貴方は何を見つけるだろう[3]

第三部　時をかける前の吸血鬼

そいつはケン・シロウと名乗った。自分は未来人であり、身体移動と時間跳躍ができると。なかなか興味深い力だ。わたしは彼に話しの続きを促した。未来には人間の隠れた能力を発揮させる薬が次々と発明される。いわゆる超能力は薬学の一部になる。ふん、なるほど。するとわたしのように超常的な身体能力をもつことも、人の血を吸うことで不死であることも、めずらしくはなくなるのだろうか。未来人は首を横に振った。薬は刺激剤にすぎない。潜在的な力を顕在化はできるが、存在しない力を創造する奇跡は起こせない。だから、ぼくはここに来た。

いや、率直に言おう。ぼくはあなたの体に興味がある。薬学者として、あなたの能力に興味がある。わたしはケンにディールを持ちかけ、二人は握手をした。一瞬ケンの体の輪郭が揺れ、われわれは手を離した。じゃあと言ってケンは商人の笑顔で消え、わたしの手には薬が残された。

わたしは薬を一回だけ使った。すぐに薬のありようを理解し、使用のコツをつかんだ。未来人はどうも誤解をしている。ラベンダーの匂いがトリガーなのだから、時間そのものとは関係のない技術である。匂いは空間に広がる粒子なのだから。この薬は、あくまで身体移動の能力発揮を促す刺激剤である。時間跳躍は、身体移動の上位互換だ。時間を空間化したうえで身体移動の能力を発揮させる。つまり、三次元空間移動の薬に、もう一次元加えた特別版。それが時間跳躍の薬だ。ところで、いつまでわたしに独白させておくのだね。哲学研究者の学術論文のように、孤独を表現するだけの文章になってしまう。そろそろ出てきてほしいものだな、柱の影のきみ。

「そう急かすなよ。あたしだって、たまには警戒するさ。人類最強だからって無敵というわけじゃない。ましてや、相手が吸血鬼となるとね。」

背が高く、手足が長く、グラマラスなシルエットの、少年の夢のような美女が影の外に出た。ムーディーな間接照明の空間に、真っ赤な衣装が不気味に映える。

「きみも時間を操るのか。どうも時間を使った異能はインフレだな。」

「時間ではなく、空間化した時間だよ。あんたがさっきブツブツ言ってたとおりさ。」

「説明してくれるのだろうね。」

「もちろんさ。哲学書なんて、本来異能を説明するためだけに存在するんだから。それにしてもここは薄暗いねえ。いかにも敵キャラの潜伏地みたいで工夫がないよ。わざとらしく本棚とか置いて、筋肉バカじゃない知的なボスですってか。でも、やっぱり血の臭いがするねえ。どこかに若い女の死体とかあるんだろうな。」

「食事の詮索はやめてくれ。下品ではないかね。きみの家にもポテトチップスの欠片くらいは落ちているだろう。」

「ハハハ。そりゃそうだ。こいつは悪かったねえ。」

赤い女は、物憂げにソファーに身を投げた吸血鬼に、瞬間の門道の話をした。

とにかく蜘蛛が多くてね。糸を払って進んでたんだけど、面倒になった。それで進行方向周辺の茂みとか梢とかを消去してやったんだ。いや異能とは関係ない。普通に爆音とか爆炎とかが出る方法でね。そしたら、時間の魔物が慌てて出てきた。

「おいおい、なんてことすんだよ。」

「よー、久しぶり、クロノス。元気してたか。」

「クロノス？　だれのことだよ。オレはエディ。ロックギタリストさ。今来てたんだよ新曲がさあ。パイロは控えめで頼むぜ。」

「こりゃまたすっとんきょうな展開だな。ギタリストがこんなところでなにしてんだよ。」

「インスピレーションだ！　予想もしていないときに予想もできないものがやってくる。あんたにとってはオレが、オレにとっては曲が。」

「曲はいいから、おまえはなんでやってきたんだ。あたしはクロノスに話があったんだが。」

「理由はない。すべてはただやって来るだけだ。それをどう受け止めるかはあんた次第。その受け止め方で、あんたが何者なのかが明らかになり、あんたの人生の性質が定まる。」

「あたしを試すとはいい度胸だねー。あたしくらい最強となるとおまえが現れないパターンでやり直すこともできるんだがね。」

「それもまたオレの出現への反応なのさ。あったをなかったにするのは、前向きな生き方とは言えないぜ、ベイビー。」

「おおっ！　なんか少しニーチェっぽくなってきたなあ。なら、おまえでもいいや。あたしは人に作られた人を超える人でね。つまりすごい人だ。でも人にすぎない。人がわからないという限界があって、道に迷っている。」

「そいつは無用の謙遜だな。人だから限界があってダメってことはない。案外、限界のない神のごとき存在のほうがダメなんじゃねえか。たぶんやつらは、おのれの限界を外から突破してやって来る啓示を体験できない。なにしろ限界がないんだからよ。啓示とかインスピレーションってやつは、創造の源だ。はじめてオレが右手で指板をタッチしたときは興奮したよ。こんなやり方はどうよってなにかがそそのかしてきたんだ。で、やってみたら、ワーオ！、新しい音だった。発展性のある新しい音、成長可能性のある音だ。今でもその興奮がオレを突き動かしている。あの弾き方でどんだけの曲を作ったことか。なかには、マスターピースになったのもある。ああ、あの高揚感と解放感は、啓示を与える立場のやつら、限界がないやつらには縁がない。限界がないのはつまんねえ。やつらが人ではないからやつらに限界がないなら、オレはこう勧めるね。神などつまんねえから、さっさと人になりやがれ！」

「神も神々も、人が思うほどおもしろい有り様ではないのはわかっているさ。とにかく、あたしが今知りたいのは人のことだ。おまえ、なんかいい情報を知ってるかい？　ていうか、知らないならさっさとクロノスと代わりやがれ！」

　オレは音楽のことしか知らねえぜ、ベイビー。でも、オレの先輩がいろいろ知ってるのさ。学年一位の秀才。彼女からの情報を教えてあげるよ。オレ、ファンには優しいんだよ。えっ、ファンじゃないって？　バカ言ってらあ。人間すべてがオレのファンさ。わかったわかった、怒るなよベイビー。ふざけてないって。学年一位の人間話は、たしかこんな感じだったな。

「こらっ、また学校サボって。ダメだよ、未来のアーティストだって高校くらいは出ておかないと。」

「スンマセン、先輩。うまく寝れなくて朝になると眠くなるんすよ。」

「昼夜逆転かあ。なにか心配事でもあるの。先輩、聞いてあげるよ。」

「バッチリあるんすよ。ビビッと未来が見えちゃって、妙に赤い女がオレに人間とはなにかなんてムチャな質問をするんです。だから今から準備しておかないと。でも、オレ、勉強ダメなんで。」

「もうしょうがないなあ。人間の定義は倫理の教科書に書いてあったよ。ホモ・サピエンス、ホモ・ファーベル、ホモ・ルーデンス、ホモ・レリギオス、ホモ・ポリティクス、ホモ・エコノミクス、裸のサル、シンボルをあやつる動物、まあ、このあたりが試験に出るかもしれない定義かな。そのほかに、人間は考える葦である、みたいな名言も覚えておくといいよ。」

「いや、どうも、その女が求めているのはそういう知識ではないような。もっとこう生き方とかそんな感じのことで。」

「宗教がテスト範囲なのね。だったらまずは、三つの宗教の区分の仕方からアプローチすることをお勧めするわ。世界宗教か民族宗教か、一神教か多神教か、創唱宗教か自然宗教か。この区分を使って各宗教の特徴を理解するとわかりやすいのよ。ああ、三大宗教の開祖は、もちろん覚えているわよね。ブッダ、イエス・キリスト、ムハンマド。」

「拝んだりとかそっち系じゃないっす。考える系のやつです。」

「じゃあ哲学ね。人名を先にまとめて覚えちゃうのがコツなのよ。思想の内容は、理解できた順にその人名に紐づけるの。大丈夫よ、ポケモンの数よりは少ないから。いくわよ！　西洋なら、タレス、ピタゴラス、ヘラクレイトス、エンペドクレス、デモクリトス、プロタゴラス、ソクラテス、プラトン、アリストテレス、エピクロス、ゼノン、キケロ、セネカ、エピクテトス、マルクス・アウレリウス、アウグスティヌス、アンセルムス、トマス・アクィナス、オッカム、ペトラルカ、ピコ・デラ・ミランドラ、マキァヴェリ、エラスムス、フランシス・ベーコン、ホッブス、ロック、バークリー、ヒューム、デカルト、スピノザ、ライプニッツ、モンテーニュ、パスカル、モンテスキュー、ヴォルテール、ディドロ、ジャン・ジャック・ルソー、カント、フィヒテ、ヘーゲル、ベンサム、ジョン・スチュアート・ミル、コント、マルクス、エンゲルス、ハーバード・スペンサー、キルケゴール、ニーチェ、ヤスパース、ハイデガー、サルトル、パース、ウィリアム・ジェームズ、デューイ、ヴィトゲンシュタイン、ホルクハイマー、ハーバマス、レヴィ・ストロース、フーコー、ロールズ、東洋なら、孔子、孟子、荀子、老子、荘子、墨子、韓非子、竜樹、無着、世親、朱子、王陽明、日本なら、聖徳太子、

行基、最澄、空海、空也、源信、法然、親鸞、栄西、道元、日蓮、一遍、藤原惺窩、林羅山、山崎闇斎、中江藤樹、熊沢蕃山、山鹿素行、伊藤仁斎、荻生徂徠、石田梅岩、安藤昌益、二宮尊徳、賀茂真淵、本居宣長、平田篤胤、前野良沢、杉田玄白、佐久間象山、吉田松陰、福沢諭吉、中江兆民、幸徳秋水、吉野作造、内田鑑三、西田幾多郎、和辻哲郎、柳田国男、平塚らいてう。」

教室の窓の外は真っ赤な夕景だったなあ。先輩の声は澄んだ鈴の響きで黒板やら机やらそうじ道具やらのあいだを漂っていた。先輩はグラマーだった。オレは青春だった。オッケイ、わかるだろ？そうだあの曲はこの時のことを歌っているんだ。じゃあいくぜ、ネクスト・ソング、「あの娘は優等生」！

あの娘は知ってるぜ
自然科学を知ってるぜ
社会科学を知ってるぜ
人文科学は知らないぜ
人文学は科学じゃねえー

「歌うな！」
「イェーイ！数学と論理学も別枠なんだぜ。」
「学年一位の話はもういい。社会科の授業みたいでなんかディオクレティアヌスな気分だ。他に情報がないなら、はよいね！」

「まあまあ、やっぱ学校の先輩は気に入らないっすか。お姉さん、パツキンですもんね。」

「パツキンの不良娘みたいに言うな！　言ったもん勝ちになりがちなんだから。あたしは赤髪だよ。赤い髪にニュータイプのひらめき型の髪かざりだ。」

「ミュージシャン仲間の先輩の話でどう？　テツジンってあだ名のギタリストなんだけど。」

「まあ、話してみたら。」

「なんか投げやりだなー。では、ライブハウス近くのサ店での会話なりー。」


「そんでさあー、やり投げをはじめたんだよ。」

「リッチーですね。」

「そう。あのトーンは唯一無二だよ。歪みが薄いのに歪んでいるように感じさせる。変わった音だよね。右手の使い方が肝だとみたんだけど、よくわからん。リッチーがやり投げをやってたことがなんか関係あるのかと。」

「今のギタリストたちとピックの当て角度も違いますよね。」

「そうなんだ。普通シュレッド系のギタリストは早弾きのとき角度を深くして、弦に当たる面積を減らすんだよ。でも、リッチーはフラットのままスピードアップするんだよな。」

「弦も太いですよね。」

「そうそう。弦高も高めだし。いや謎の多いギタリストだよ。」

先輩はコーヒーのおかわりを注文して急に黙り込んだ。そういうことはよくあるので、オレはミックスジュースフロートのアイスをちまちまと食べながら宙を波状に漂う先輩の視線がどこかに落ち着くのを待った。

「うーん。やっぱり謎だよ。リッチーの音って急に変わったりするんだよ。プレイ中に一瞬別人みたいな乾いたカッティング音になって単音ソロではまったりした音に戻る。ボリュームを落とすとクランチになるように設定してあるってのが定説だけど、急すぎるんだよな。」

「そりゃーまあ、パッケージにするときにいじってるから。」

「いやいや、ブートでもそうなんだからライブでもそうなんだよ。でさ、これはあんま人に言って欲しくないんだけど、やっぱテッジン、やってるとか言われちゃうから。」

「オレ、口硬いっす。」

「うんうん信用してるぜ。あのさ、オレ見ちゃったんだよ、リッチーのライブでさ、ソロに入る瞬間にリッチーがだぶって見えたんだ。」

「だぶる？」

「なんつうか、二重にも三重にもリッチーが重なって見えた。で、そのとき、本当にわずかだけど、ソロに入るのが遅れたんだ。」

「ミスったんだ。」

「うん。もともと自由なプレイヤーだからいつもピタッと同じタイミングで弾くわけじゃないけど、あんときはリッチーにとっても想定外の遅れだったと思う。だって、すぐに修正したもんね。自分でもミスだと判断したんだろ。でさ、そんときなんかいろいろと納得がいったんだよ。」

「なんすか、なにがわかったんすか。」

「いやリッチーはさ、超えてるタイプなんだってこと。あの人は、時間を空間に表現できる。もともと音楽ってそんなところがあるだろ？　音楽の達人は、時間に拘束されるんじゃなくて、時間を空間に変形させられるんだよ。プレイ中のリッチーは時間を支配している。だから、ソロの前とかには、時間を止めてアンプやエフェクターのセッティングを変えたりするのかも。いやいや、ウェットからドライに音を変えるときは、リッチー自身が別の時間のリッチーと交代するのかも。」

「ああー、なるほど！　だからあの人いつも同じ白黒のストラトで黒い衣装なんだ。」

「おっ、さすがギタリスト。いい感じにハモってくるねえ。」

「うぃっす！」


「エディだっけ、おまえ？」

「うぃっす！」

「世界的なスーパー・ギタリストだよな。」

「うぃっす！」

「なんか中央線沿線のライブハウスを根城にしてるセミプロ学生みたいだぞ。いや、ミックスジュースだから関西か。」
「そんな時代もあったねとってとこだぜ、ベイビー。」

めぐるめぐるよ　時代は巡る
別れと出逢いを　くり返し
今日は倒れた　旅人たちも
生まれ変わって　歩きだすよ[4]

あたしはエディと四方山話をして、結局クロノスとは会わずに帰った。そして中島みゆきを聴いて寝た。

7

吸血鬼はソファーから消えた。
赤い女はソファーの後ろで仁王立ちだった。

「どちらが先に動いたかは問わずにおこうではないか。」

「おまえもあたしも殺意十分だったなあ。言わずもがなだけど、身体移動だよな。」

「フフフ、食えない娘だ。わたしはそうだが、おまえは時間跳躍であろう。その手に持っているのはなんだ。」

赤い女は右手に木製バットを握っていた。

「いやー、かっ飛ばせると思ったんだけどね。」

「不死者をそれで殺せるとでも。」

「ハハハ、食えない吸血鬼だねー。おまえの目なら見えてただろ。いろんな時代のあたしたちが、ほんのわずかに時間をずらしながらこの場所この時刻に飛んできてバットをひと振りするのがさ。名づけてデジタル・ディレイ・スイング！……ＤＤ－７と呼んでね、てへっ……まさか一人目のバットが当たる直前に飛ぶとはね。これじゃあ、三振王だな。」

「考えたな、人間よ。吸血鬼の身体回復よりも速く殴り続ければいずれは無に帰るというわけか。」

「いやいやいや。そんな甘い見通しはもってないさ。原子レベルまで分解したって、どうせ復活する。」

「では。無駄だとわかって攻撃をしたということか。特攻精神というやつだな。」

「それなら、今もそこに何度も飛んでスイングしてるさ。確かめたいことがあってね。協力してもらった。」

「ほう、なにかわかったのか。」

「うん。説明するから、もう少し話につきあえ。」

「もう言ったはずだが。説明してもらいたいのだよ、わたしは。」

あたしは朝焼けの赤を見ながら線路の上を歩いていた。やっぱり線はわかりやすい。これが直線なのか線分なのかは判別できないが。この道をどこまでも行くとそこはまたここであるとかはどうも性格的にあたしに合わない。だから、ともかく前に向かって歩こうじゃないか、相棒！今日はまだはじまったばかりだ。

「戻ってくるとは思いませんでした。」

「かくれんぼが好きな親子だな。」

「父はもうここにはいませんよ。妄執は時を超えて彼にふさわしい場所に行きました。」

「そうかい。」

「行き先を聞かないのですか？」

「あたしはおまえに会いにきたんだ。」

「わたしにですか？お知らせするべきことはすべて言ったつもりですが。」

「まだだ。早死するやつはせっかちで困るねえ。時間の空間化について知っていることを教えてくれ。」

「いいですけど、どうせ、きみももう知っていることですよ。」

「それでもいいのさ。わかっていることを話すのでなく聞きたいのだよ。それでようやく腑に落ちるってこともあるんだ。」

「そうですか。なら簡潔にいきます。復習なわけですから。ええっと、古代人がよく使ったのは円ですね。くりかえしが生活の秩序を与えてくれそうで、好みだったのでしょう。中世人は線分がお好きのようです。神が世界をそのはじまりから終わりまできっちりと作ったというのは、信仰とも相性がいい。そして、近代人は直線です。物事を整理する基準として時間が線であると便利ですからね。時間軸が円だったりしたら、方程式で処理しにくいです。それに、ずっと伸びていく線の上をどこまでも進んでいくイメージが、進歩とか成長とかが好きな近代人にはピタッとくる。」

「時間を三角形にするやつとかはいなかったのかい？」

「いたかもしれませんが、でも、三つの辺で囲まれた図形はそこからの出口がない閉鎖的な構造なわけですから、円と同じ扱いになりがちではないでしょうか。」

「螺旋はどうだい？」

「螺旋はポピュラーになるには難解すぎるんだと思います。少しずつずれて回る円でもあり、両端がないので直線でもある。そんな宙吊りの概念は、一般化しませんよ。」

「なーる。で、信忠よ。おまえならどのパターンで時間を空間化する？」

「うーん。正直、どれにも興味をもてません。なにしろ体がないこの有様ですから。」

「そうだろうな。体がないおまえは時を超えているんだから、時間を空間化して手なずける必要もないものな。」

「はい、まあそんなところです。」

　赤いお姉さんはありがとうと言った。ありがとう、これではっきりしたと。わたしもやはり、ありがとうと言うべきだった。でも、お姉さんはさっさとどこかへ行ってしまったので、言えなかった。ありがとう、お姉さん。わたしはわたしにふさわしい地点にとどまるべきなのですね。時を超えた幽霊が、直線上をうろついていては迷惑だもの。わたしはもう、成長も成熟もしないのだから。完成した点としての役割に殉じよう。それならば、頭もなくていい。


「説明終了かね？」

「まあね。説明というかフォローだね。あるいは、時間かせぎかな。」

「ではどうする。話の後はまたバトルかね。」

　答えるまでもないということなのだろう。赤い娘はＤＤ－７で飛び込んできた。今度は素手だ。バットを捨ててスピードを優先したか。もちろんわたしは、すべての攻撃をまとめてかわした。身体移動でソファーに戻る。なんと芸のない。人間とはこの程度のものか。ならば殺してしまえ。殺気を高めて飛び込もうとすると、赤い娘は消えていた。吸血鬼の目で見ても赤い娘の気配はない。力押しは撹乱で、本当の狙いは逃走か。

「そうではありませんよ、ディオ。わたしは見ました。一人だけ、あなたの今の位置に飛び込んできて、あなたの右耳を歯で引きちぎっていきました。すぐに回復しましたが。」

「ケン。……ディールは終了したはずだが。」

「新しい商品のご提案にまいりました。」

「わたしにそれが必要だと？」

「はい。」

　未来人は古代人の服を着ていた。懐かしい一枚布だ。

「わたしに会ったのか？」

「お会いしました。」

「やはりディールを。」

「はい。お買い上げいただきました。いや、お返ししたというほうが正しいかも。あなたの血の力をお渡ししました。」

「代わりになにを手に入れた？」

「ディオ王の脳の状態のデータを。眠りの中で饒舌な脳の秘密を。」

「それが新商品か。」

「はい。あなたは当分動けないはずです。少年の夢のような女に出会って、無事なはずがない。身体移動や時間跳躍では勝ち目はありません。あの女は、時空間と精神のほかの、なにかに関わるものです。」

「やはり超えている類の、いや外れている類のものか。」

「ディオ、あれは人です。あなたは人を超えた。人を超えたらもう人を理解することはできない。空間を制し時間を操作できるものには、空間を不器用に利用し、時間になんとか挑戦する程度の貧弱な人間の可能性はうまく飲み込めない。あなたは血を吸い知識を吸うが、それでおわり。あなたは第三の目を時間に向けた。物体、精神、そして時間。しかし、少年の夢は別のなにかに目を向ける。それはまだ、名前も定まらないなにかです。魂？　こころ？　クトゥルー？　ボヨヨン？　どうぞお好きにお呼びください。あなたはそこを傷つけられた。その傷を癒すにはこの薬ですよ、ディオ。」

　わたしは未来人の手を握り古代からの薬を手に入れた。

「代償はなにか？」

「それは治験前の薬です。あなたにモニターになっていただく。」

「ふん。不死者に適任の役回りだな。」

　わたしはすぐに薬を飲んだ。メロンのような、メロンパンのような味がした。体の反応からたんなる睡眠薬であると理解した。不死者は眠らせておくにかぎるというわけか。

「その薬の睡眠効果は、そんなに長くは続きません。では、ひとまず失礼します。また新薬ができたらおうかがいします。……それまでに退治されてしまっては困るので、僭越ながらアドバイスをさせていただきたい。今のままでは、いずれあなたは人に負けてしまいます。身体能力が劣る分、人は時間跳躍に磨きをかけるでしょうが、あなたは不死の強い身体にどうしても頼りがちになる。強みが弱みになるのはバトルの常道です。ご自愛のうえご研鑽を……。」

再びの序

その後もエリザベスはメロンの話をしに職員室にやってきた。

子犬のメロンはかわいそうだと言うのだ。

「走ってる途中で時間を止められてるのよ。世界（ザ・ワールド）！時間（とき）よ止まれ！前足は空中に浮かんだまま。ああー、かわいそうなメロンパン！」

「メロンパン？メロンじゃないの？」

「あー、なんか今変わった。メロンよりメロンパン食べたい。」

再々の序

ときどき、エリザベスのことを思い出す。例えば、秋の乾いた空気の中、枯れ葉を踏みながら歩いている今だ。あれから彼女とは恋も冒険も悲しみも共有し、今は離れ離れである。今回のサイクルでも出会えたらいいのだが。

君の嫌いな東京も　秋はすてきな街
でも大切なことは　ふたりでいること

小田和正は今回も「YES-YES-YES」を歌っている。ディオがどうなるかはまだわからない。わたしは小学生で、ジャンプではスペシャル・ローリング・サンダーが登場したばかりだ。実に不思議だ。恋も冒険も悲しみも体験していないのに、それらが終わったあとの感傷は知っている。サイクルのことを理解していなければ、混乱するところだが。

不意にわたしの前に人影が立つ。

「ほら、出てきてやったぜ。少年の夢のような赤い美女さ。で、陰気なおセンチ野郎はどこだい。ぶちのめしてやろうと思ってたんだが。まあ、いいさ。」

……さっさと次、はじめようぜ。

【参考文献】

フリードリッヒ・ニーチェ著、信太正三訳『悦しき知識 ニーチェ全集8』ちくま学芸文庫、一九九三年。

フリードリッヒ・ニーチェ著、吉沢伝三郎訳『ツァラトゥストラ 上 ニーチェ全集9』ちくま学芸文庫、一九九三年。

フリードリッヒ・ニーチェ著、吉沢伝三郎訳『ツァラトゥストラ 下 ニーチェ全集10』ちくま学芸文庫、一九九三年。

太宰治『走れメロス』角川文庫、昭和四五年。

ロブ・ライナー「スタンド・バイ・ミー」Blu-ray ソニー・ピクチャーズ エンタテインメント（2014）、コロンビア ピクチャーズ（1986）。

筒井康隆『時をかける少女』角川文庫、昭和五一年。

小林秀雄『モオツァルト・無常という事』新潮文庫、一九六一年。

赤瀬川原平『超芸術トマソン』ちくま文庫、一九八七年。

太田牛一著、中川太古訳『現代語訳 信長公記』新人物文庫、二〇一三年。

デカルト著、谷川多佳子訳『方法序説』岩波文庫、一九九七年。

ルネ・デカルト著、山田弘明訳『省察』ちくま学術文庫、二〇〇六年。

デカルト著、桂寿一訳『哲学原理』岩波文庫、一九六四年。

スピノザ著、畠中尚志訳『デカルトの哲学原理 附 形而上学的思想』岩波文庫、一九五九年。

スピノザ著、畠中尚志訳『知性改善論』岩波文庫、一九三一年。

スピノザ著、畠中尚志訳『エチカ（上）』岩波文庫、一九五一年。

スピノザ著、畠中尚志訳『エチカ（下）』岩波文庫、一九五一年。

キルケゴール著、桝田啓三郎訳『反復』岩波文庫、一九五六年。

ハイデガー著、桑木務訳『存在と時間（上）』岩波文庫、一九六〇年。

ハイデガー著、桑木務訳『存在と時間（中）』岩波文庫、一九六一年。

ハイデガー著、桑木務訳『存在と時間（下）』岩波文庫、一九六三年。

註

1 さだまさし『さだまさし 時のほとりで』新潮文庫、昭和五五年、二四五頁と次頁。
2 大槻ケンヂ『花火：大槻ケンヂ全詩集』株式会社メディアファクトリー、二〇〇三年、一四四頁。
3 松山千春『君のために作った歌』新潮文庫、昭和五九年、六三頁。
4 中島みゆき『中島みゆき全歌集 1975–1986』朝日文庫、二〇一五年、三九一頁。
5 小田和正『いつかどこかで：小田和正詩集』ブックマン社、一九九二年、一四八頁と次頁。

吸血鬼の時間外学習、あるいは博学なシカの補習授業

補習・一

大きな男だった。金髪の西洋人だ。しかし、日本語がうまかった。いや、うまいという以上に、かれの発話は魅力的だった。声のプロの仕事を思わせた。というか、ゼクス・マーキスの声だった。男は、転校生だと言った。手続きの関係でしばらく学校に行っていない時期があるので、勉強を手伝ってほしい、そんなに時間はとらせない。別にかまわないが、明日学校でやるほうがいいのではないか、もう夜も遅いし。いえ、先生がよろしければ今にしてください、気になることは早く解決しておきたいのです。そうか、勉強熱心なんだな。ありがとうございます、先生、聞きたいのは、文化についてです。

「文化には、教養とか洗練とかの意味がある。しかし、これはあまりに狭い規定だ。また、文化というと、文学とか音楽とかの芸術全般、あるいは学問全般というイメージがある。が、これは文化をその成果からのみ見たもので、文化の半面にすぎない。

「カルチャーと関連するカルティヴェイトという語が、耕すという意味をもつことを忘れないように。だから、カルチャーには、耕作や栽培の意味がある。文化の本当に重要な点は、耕作のように人が手を加えてなにかを生みだすところにある。つまり、文化とは、人による創造と、その成果である創造物のすべてを意味する。すなわち、広義には、人間活動とその成果のすべてが文化と言える。

「文化は、三つの面から分析すると理解しやすい。一つ目は、学問、芸術、宗教などの精神的文化の面である。二つ目は、機械や製品などの物質的文化の面である。三つ目は法律、道徳、経済などの制度的文化の面である。この教科書を例に説明しよう。教科書は、ここに書かれている内容としては精神的文化であり、紙やインクといった素材としては物質的文化であり、検定制度のもとにあるという点では制度的文化である。

「これら三つの面のほか、文化の特徴をとらえるメルクマール的な文化概念が多く存在する。若者文化、カウンター・カルチャー、サブカルチャー、メインストリーム、ハイ・カルチャー等。こうした文化概念は、今もぞくぞくと誕生している。

「文化と類似する概念も多い。習俗、習慣、風習などは、比較的無意識の現象であることを強調する概念である。ライフ・スタイルは、独自性や新鮮味を強調するときに使われる傾向にある。

「文明と文化の使われ方の違いは重要だ。文明は、例えば産業革命後の近代資本主義社会の状況を示す、機械文明のように、発達した科学技術をもつ社会について言われる言葉であり、文明の未発達な状態を示す未開との対比を暗に含んでいる。したがって、文明には、その発達の程度によって価値の違いがある。一方、文化は、文化相対主義という言葉があるように、各文化を一律に測定する価値尺度はなく、各文化の価値の高低は強調されない。とはいえ、自分の属する文化をほかの文化から区別して特別なものとみる自己愛から、人間は逃れられない。民族、言語、宗教の違いは、自文化を非合理に誇り、他文化を蔑む傾向を強化してきた。

「民族は、文化的な単位として機能してきた。しかし、以前に信じられていたように、民族は共通の祖先から派生した人々の集まりではない。民族は、目の色や髪の色、鼻の形などの肉体的特徴による分類である人種とは別の概念であり、たまたま共同生活を営んできたために共通の生活様式をもち、それゆえに仲間意識をもつようになった人々の、歴史的に形成された集団である。その点に留意すれば、民族は、文化を理解する道具として一定の役割を今も果たせる。

「単一民族国家は、現実には存在しない理念型である。現実の国家は、多民族国家である。国家の発展の背景には、しばしば民族間の対立がある。対立を国家全体の成長の活力に転化できたとき、国家は成長する。しかし、民族間の対立がマイノリティ（少数派）になった民族への差別を引き起こすことも多い。自民族を単一民族国家だとみなすことは、マイノリティの存在自体の抹消であり、最悪の少数民族差別である。自分の民族への誇りは、その民族に新しい独立国を作らせる活力となる。しかし、その誇りが、自分の民族のみが唯一正統であるとする自民族中心主義（エスノセントリズム）に陥ると、たいていは他民族の抑圧や他国家への侵略を引き起こす。


「先生、ありがとう。わかりました。」

「まだ言語と宗教の説明が済んでいないが。」

「いや、もう十分です。あとは自力でやれます。」

男はそういうと優雅な身のこなしで出ていった。まるでゆっくりとしたリズムでダンスを踊るかのようだった。翌日わたしは仕事を休んだ。体の力が抜けて起きあがれなかったのである。結局、男が学校に現れることはなかった。確認したが、転校生が来る予定もなかった。わたしの教師人生で一番印象に残っているのは、この不思議な一夜である。

補習・二

大きな男だった。更衣室の陰から声をかけてきた。わたしは明日のプール開きを前にして、掃除の仕上げをしている最中だった。ホースの水でプールサイドの砂を流していた。先生、質問があるのです。いそがしいんだけどな、今じゃなきゃあかんのか。わたしは声のほうをふり返った。そして、今でなければダメなのだと理解した。こんな心を溶かす魅惑の声で、こんなに立派な相貌の男に質問されたら、すぐに答えねばならん。それが世界のルールだ。先生、知りたいのは、社会規範と自由についてです。

「民主主義的な社会では、問題が生じたら話し合いをし、合意（コンセンサス）を形成する。その合意が固定化すると社会規範になる。

「社会規範には二種類ある。一つは法であり、国家の力によってそれを守るように人々は強制される。もう一つは道徳であり、良心（ルソー）や道徳法則（カント）の形で人々を拘束する。

「社会規範に違反すれば、人々は制裁を受ける。制裁には二種類ある。一つは、社会的制裁（外部的制裁）であり、刑罰や世間の非難などがこれにあたる。もう一つは、内部的制裁であり、罪の意識などがこれにあたる。

「道徳は、社会的規範の一種ではあるけれど、別の面ももつ。それは普遍的な正しさの実現を目指す正義としての道徳という面である。正義としての道徳は、社会規範をこえているので、しばしば社会規範としての道徳を批判する根拠となる。

「民主主義な社会が順調に営まれるためには、個人が決定の基本単位とならねばならない。そのためには、個人は、自由でなければならない。

「自由には二種類ある。一つは、勝手気ままにふるまうことである。この種の自由は、実際には外部的な刺激に支配された欲望の奴隷である。もう一つの自由は、真の自由である自律である。自律とは、他のなにものにも依存せずに自分のことを決めることであり、カントによれば、自分の内なる道徳法則にしたがうことでしか実現しない。

「自律としての自由は、個人に重い負担を強いる。すべての問題を自分で考え自分で判断し、その判断に責任と義務をもたねばならない。だから、責任と義務そして思考を放棄する自由からの逃走（フロム）が起こる。そうなると、民主主義な社会は瓦解し、指導者にすべてをゆだねる社会が登場する。

男は一瞬口元を綻ばせて、鋭く尖った歯をみせた。そして、いつの間にか闇に溶けて消えていた。わたしは保健室で目覚めた。プールサイドで倒れていたところを生徒に発見されたのだ。先生、一人でプールを丸洗いする気だったんですか、と女子生徒が笑った。おいおい、はりきって働いている新人教師をからかうなよ、よし、もう大丈夫だ、そこまで送ろう。わたしは女子生徒を最寄り駅まで送って帰宅した。翌朝にはもうすっかり元気になっていた。

補習・三

大きな男だった。マンションのわたしの部屋の前にただ立っていただけなのに、危険だと感じた。あまりの威圧感に悲鳴すら封じられた。男は、先生お教えください、と言った。先生のご発表を拝聴しました、「関係的思想としての「永遠回帰」の定式化の試み」です、先生は教えたいという欲求のために教える者なのですね、教育に価値がなくとも教えたいから教える教師、そんな先生に是非とも教えてほしいのです、ことばについてです。男の声は小さかった。しかし、全身の毛穴から心に染み込んでくるような、絶対的な存在感のある声だった。いいえ、それは、永遠回帰の教師というニーチェの創造したキャラのことなのよ、わたしではないの。そうブツブツと言いながらも、わたしの心はすでに懐柔されていた。わたしはかれを部屋に招き入れた。はじめて見る男だったのに！

「ことばは、記号の一種である。記号とはなにか。AによってBを示すとき、すなわち、AでBの代わりをさせるとき、AはBの記号である。

「記号には、二種類ある。自然的記号は、記号と記号で示される対象とのあいだに自然なつながりがある。例えば、雨雲（記号）と雨（対象）のような因果関係や、町の地図（記号）と実際の町（対象）のような形の類似がある。対して、協定的記号は、記号と対象とのあいだに自然なつながりはない。両者は本来無関係であり、つながりは任意につけられる。例えば、赤信号（記号）と止まれという命令（対象）のように。ことばは、この協定的記号の一種である。

「ことばは、多義的である。ことばという記号（発話、文字）と対象（意味）とのつながりは、意味する、というミステリアスな関係である。ことばは、人間が制御しきれないほど多様な対象を意味してしまう。ことばの意味する意味を列挙すれば、徴候、原因、結果、意図、説明、目的、含意、意義など。

「ことばの多義性は、比喩の種類の多様さをみても納得できる。直喩（シミリー）は、明示的な比喩であり、のよう、の形で表現される。逆に、隠喩（メタファー）は明示的ではないのでわかりにくい。例えば、北川景子、は実在の女優を意味することもあれば、比喩として美人を意味することもある。換喩（メトニミー）は、関係するものを記号として代用する。例えば、ジューダス・プリーストを聞く、というときのジューダス・プリーストはジューダス・プリーストの曲やアルバムを意味する。提喩（シネクドキ）は、記号と意味が包含関係にあり、両者は交代可能である。例えば、象は象の鼻を包含するので、象は象の鼻を意味するし、象の鼻は象を意味する。

男はありがとうと言って部屋を出て行った。わたしは椅子に腰かけたまま化粧も落とさずに眠った。翌日の授業には出られなかった。いやその後の授業もずっと。以来、わたしは、椅子に腰かけたままなのだから。

補習・四

大きな男だった。すぐにわたしの異能が起動した。如実智見、ありのままを見る力。そしてわたしは自分の命を諦めた。この男に関わるすべての縁が、わたしの死につながっていた。死は唐突に訪れるとは聞いていたが、せめて採点がおわってからにしてほしかった。それに、最後に見る光景が、だれもいない職員室だなんてイヤだ。男はこちらの都合とは関係なく話しはじめた。先生、教えてほしいのです、仏教についてです、どうも先生のご様子では、これは知る価値がありそうだ。わたしの耳には、おまえの力を寄こせと言っているように聞こえた。逆らう気にもなれない。いやらしい人たらしの声だ。

「仏教は、ブッダ（仏陀、仏）の悟った真理の内容の教えである。今の日本では、法事のときに儀式として必要とされるので葬式仏教と揶揄されるが、日本人の思想や心情に強い影響を与えた、外来の宗教である。

「ブッダは元来特定の個人ではなく、真理（ダルマ、法）を悟った者を意味する。しかし、仏教では、仏教の開祖であるゴータマ・シッダールタ個人を主として示す。ここではブッダをこの意味で使う。

「ゴータマ・シッダールタは、シャーキャ族出身（王子）の聖人なので、釈迦牟尼や釈尊とも呼ばれる。

「ゴータマ・シッダールタは最初に悟った人ではない。かれは、ブッダガヤの菩提樹の下で悟り、悟った内容をはじめて人々に伝えた。かれ以前に悟った人は、プラティエーカ・ブッダ（独覚、縁覚、辟支仏）と呼ばれる（未来には、弥勒菩薩が悟る）。

「ブッダは真理を発見したが、真理をつくったのではない。だから、キリスト教の神のような、万物の創造主である絶対者ではない。仏教には、本来祈りの対象としての神（絶対者）はない。

「仏教誕生以前のインドの支配的な宗教は、神話の宝庫のバラモン教である。

「バラモン教は、アーリア人の宗教である。アーリア人は、紀元前十五世紀にはインダス文明の地に侵入しており、のちにインドの支配者となった。アーリア人の社会は、バラモン（祭司）を頂点とするカースト制という階級制度をもつことで知られている。

「バラモン教の聖典はヴェーダ（知識）であり、その最古のものがリグ・ヴェーダである。関連する書として、ブラーフマナ（祭儀書）、アーランヤカ（森林書）、ウパニシャッド（奥義書）がある。

「ウパニシャッドの思想の概略は、次のとおり。

「変化しつつあるこの世界の根源的な原理であるブラフマンと、変化しているわれわれ個々人の不変の本質・認識の主体であるアートマンは、一体である。不変であるアートマンは不死であり、現世の生がおわると生まれ変わる（輪廻）。なにに転生するかは現世での行為（業）で決まる。

「古代インド人にとって、生きることは苦しいことであった。だから、輪廻から自由になること（解脱）をめざして、苦行、ヨーガ（瞑想）、信仰生活等のバラモン教の修行を行い、アートマンはブラフマンであると自覚する梵我一如の境地に達しようとした。

「バラモン教がさまざまな民間信仰を取り入れて発展したのが、今のヒンドゥー教である。

「ブッダの登場（紀元前五世紀頃）は、都市の発展による伝統的な社会の変化を背景にしている。クシャトリア（王侯・武人）やヴァイシャ（農工商）が力をつけ、それらの階層の生活に適した新宗教が求められていた。だから、仏教はクシャトリアに広まり、同じく新興の宗教であるジャイナ教はヴァイシャの商人に広まった。

「ブッダの最初の説法を初転法輪という。初転法輪とは、真理の輪をはじめてこの世に転じるという意味である。

「初転法輪でブッダはこう説いた。快楽に生きるのは、真理から目を逸らしているのでよくない。苦行に生きるのも、真理にそぐわない作為的な行為でよくない。このどちらでもない中道こそが、真理を認識して生きる正しい道である。

「中道を具体化したものが八正道である。すなわち、正見、正思惟、正語、正業、正命、正精進、正念、正定の八つ。

「悟りのために認識すべき真理（四諦）は四つある。

「一、人生は苦である（苦諦）。苦諦は、生老病死からなる人生の真の姿は苦である（一切皆苦）という、現実認識である。二、苦の原因は欲望である（集諦）。集諦は、変化するものに執着するからその苦が生じるという、苦である現実の発生原因の解明である。三、苦からの救いは、苦の原因をなくすことである（滅諦）。滅諦は、問題を生じさせる原因を除去すれば問題は解決されるという、論理的な帰結の確認である。ちなみに、滅諦後の状態が、欲望の炎が消えた永遠の平安（涅槃、ニルヴァーナ）である（涅槃寂静）。もっとも、欲望の鎮火は無理なので、実際には欲望の発動を抑えるにとどまるのだが。四、そのための方法が八正道である（道諦）。道諦は、その論理的な帰結に実際に達するための、方法の提起である。

「初転法輪のブッダの思想は、全体として論理的・科学的である。

「ブッダは縁起説で、相互依存的な存在法則を提示している。これあるに縁て（よりて）かれあり、これ生ずるに縁てかれ生ず。あるいは、これなきに縁てかれなし、これ滅するに縁てかれ滅す。一つの葦束では立たないが、二つの葦束を合わせると立つ（葦束のたとえ）。存在するものはすべてこの縁起の法則によってある。

「集諦は、この法則の観点から苦を理解する。

「すべてのものが縁てつながっているとわかれば、生きとし生けるものすべて（一切衆生）を差別なく慈しみ愛する、慈愛の心も湧いてくる。

「あらゆるものは他のものに縁てあるなら、他のものの変化に応じて変化する。だから、すべてのものは無常である（諸行無常）。人間には、アートマンのような実体はない（諸法無我）。人間は、五蘊の集まりである。五蘊とは、色（物質、肉体）、受（感受作用）、想（表象作用）、行（意志作用）、識（識別作用）、のことである。人間は、薪の木が燃えているあいだだけある火のようなものである。五蘊が燃え尽きてなくなれば消えてしまう。

「ブッダの教えを要約すると、一切皆苦、諸行無常、諸法無我、涅槃寂静、ということになる。これらを四法印という。

「のちに（二世紀）、ナーガールジュナ（竜樹）は、五蘊には実体がないという空の思想を展開し、縁起説は実体否定の方向に徹底された。

「自ら無明を克服し自ら苦を克服することが仏教の初期の基本方針である。仏教では、絶対者（神）に救いを求めない。

「五戒は、教団（サンガ）での修行生活を律する決まりごとであり、民族と神との契約であるモーセの十戒とは性質が異なる。

わたしはとっくに絶命していた。体も心も。では、今話しているのはだれなのかな。男は揶揄的な調子で聞いてきた。そして、答えを待たずに、五蘊が霧散するように消えていく。わたしは、体と心ではないなにかで、ジョン・レノンの歌を歌っていた。

補習・五

大きな男だった。人間の道徳について教えろと要求してきた。センベイならいくらでもやるからと。わたしは渋った。わたしたちは近々京の都を奪う計画だった。奈良のシカに擬態し、数百年潜伏し、人間についての研究を重ねてきたのだ。そうやすやすとその成果を開陳するわけにはいかない。男はセンベイよりもいいものをやると約束した。重要な情報だと。わたしは要求に応じることにした。人間の道徳など、教えたところでたいして役には立たないだろうから。

「道徳とは、正しい行為と正しくない行為の基準を示すルールである。

「同じような意味で、倫理という言葉も使われる。

「倫理、は古代ギリシア語エートスを起源にもつ西洋諸国の言葉を翻訳した語である。倫理は、人間の生きる圏域に人間が設定したルールと、そのルールに表れているそこに生きる人間の価値観とを意味する。人間は自然界に、いわば裸で生きるわけではない。風習、習慣、道徳、法などの自然界にはないルールを設定し、そのルールの通用する場所を自身の住処とする。つまり、倫理はそうした人間の住処のルールと価値観である。

「倫理学は、その倫理についての学的な考察である。しかし、もともと倫理と倫理学は、西洋の言語では同じ単語である。

「道徳に関する理論として、義務論的道徳理論がある。それは、道徳的に正しい行為（善）がありその行為をするべきだと主張する。義務とはしなければならない行為であり、道徳法則の形で表される。

「義務論的な道徳法則の具体例として有名なのは、ユダヤ・キリスト教のモーセの十戒（旧約聖書の出エジプト記と申命記）である。その要旨は次のとおり。一、わたしのほかに神があってはならない。二、像を造るな。三、主である神の名をみだりに唱えるな。四、安息日を守れ。五、父母を敬え。六、殺すな。七、姦淫するな。八、盗むな。九、隣人に関して偽証するな。十、隣人の家を欲するな。

「モーセの十戒は、神と人間との契約である。だから、契約を結んだ人間（ユダヤ人）にとっては、絶対的義務となる（つまり、ほぼ命令である）。正しいことは神が望むことであり、正しくないこと（悪）は神の望みに反することである。この善悪の基準が有効であるためには神への信仰が必要であり、この基準に人々をしたがわせる強制力は、道徳に外在的な神から発生する。

「宗教的な道徳には、その権威の源泉である神の意志をどのようにして知るのかという問題がある。

ニーチェは、神の口を自称する聖職者による信者支配を批判した（僧侶の三段論法）。

「仏教の五戒は、やはり義務論的な道徳法則の有名な事例である。一、殺すな。二、盗むな。三、邪婬をするな。四、偽りを言うな。五、酒を飲むな。

「仏教の五戒とモーセの十戒とでは、成立の背景が異なるため、ルールとしての性質が異なる。五戒は、世俗の人に仏教徒が説く一般的な社会ルールであり、十戒は、国が滅んだ民族が民族存続のために作った自民族を律するルールである。

「そのほかの事例として、キリスト教の黄金律がある。すなわち、なんであれ人からしてほしいことは人にもそうせよ、という法則である。

「もう一つ、最近の事例を紹介しよう。生命倫理の有力な道徳原理である（ビーチャムとチルドレス『生命医学倫理』）。一、基本的に患者の選択にゆだねるべきである（自律尊重原理）。二、医療者は、患者を傷つけたり殺したりしてはならない（無危害原理）。三、医療者は、患者にとって善であるとみなせる治療をするべきである（仁恵原理）。四、医療資源の配分には公平性が保たれるようにするべきである（正義原理）。

「ルソーが、わたしたちの内なる良心の声に道徳的判断をゆだねたときに、道徳法則の内面化は準備された。それを完成したのはルソーのファンであったカントである。

「カントは、道徳法則はわたしたちそれぞれの理性（考える力）に内在するとした。カントによれば、理性に内在する道徳法則にのみしたがう行為が、道徳的行為である。感情、好み、利益関心とは無関係な、すべきだからするという義務に根ざした行為のみが道徳的である。

「道徳法則は、条件なしの命令の形をとる（定言命法）。例えば、真実を述べよ、という法則である。これは、いい人に思われたいなら真実を述べよ、のような条件つきの法則（仮言命法）とは区別される。

「カントが提示している二つの道徳法則を紹介しよう。一つは、それが普遍的法則となることをあなたが意志できるような一般法則にのみしたがって行動せよ（普遍化可能性の原理）、という法則である。もう一つは、他の人々を目的として扱いけっして目的への手段として扱ってはならない、という法則である。

「カントの道徳論は、義務論的道徳理論の一つの完成形態である。しかし、いくつかの問題を残した。そのうちの二つを紹介しよう。

「一つは、一般的には道徳的行為をひきおこすとみなされる、理性以外の精神活動の処遇についてである。例えば、同情、共感、自責、後悔。それらを、理性ではないからといって道徳から排除するのは、いかがなものか。もう一つは、かれの道徳論が、内的な道徳法則にしたがうという、動機のみを善なる行為の基準としたことについてである。当然、行為の結果がどうであるかは道徳問題から排除されるが、それでいいのか。

「義務論的道徳理論の有力な対抗馬である道徳の結果主義（成果主義）は、動機よりもむしろ結果に道徳的判定基準があるとする。つまり、ある行為が善を生みだしたり増やしたりすれば、その行為は道徳的に正しい（善である）。

「では、具体的には、その善とはなにか。功利主義の快楽主義的な解答によれば、善とは快（幸福）の増大である。しかし、この答えは、善の数量化による道徳の科学化を急ぐあまり、善を単純化している。

「この善の単純化は、義務論も犯しているあやまちである（道徳法則への単純化）。道徳とは、日々の生活で使われるものであり、生きる現場の流動性に対応できなければ役に立たない。

「古代ギリシアの哲学者アリストテレスの伝統的な倫理学は、徳の道徳である。行為の道徳性ではなく、行為する人間の道徳性を議論した点で、義務論や結果主義という近代倫理よりも、実践的かもしれない。

「アリストテレスの徳の道徳論によれば、ある行為が善なのは行為者が徳をもつ（有徳の善人である）からである。どんな状況であれ、事柄の中庸（ほどのよさ）を見きわめて行為する有徳の人は、道徳的に間違えることはない。

男はありがとうと言った。では、わたしからの情報提供だ、と。

「京はもう都ではない。奪うなら、東京にしなさい。」

「東京？ どこだ、それは。」

「江戸だ。」

「えっ、それはなに？」

男は笑いだした。

「現在の地理を学びたまえ、偉大なるシカ星人よ。」

男は霧となって消えた。わたしは、ありがとうと返礼した。もちろん、人間の耳にはミィーとかギィーとかにしか聞こえないのだが。

補習・六

大きな男だった。噂どおりの金髪だ。人間社会に潜伏中の仲間が何人もやられている。おかげで人類殲滅計画は延期になった。ついに大学にまでやってくるとは。先生、生命倫理について教えてください、いやお話しいただかなくても結構、わたしは吸血鬼でしてね、ちょっとうまく血を吸うと知も吸えるんですよ。男は、わたしから一瞬で次のような知識を吸い上げた。

「生命倫理は、応用倫理の一つである。応用倫理とは、現代の具体的な諸問題に倫理学の観点からアプローチする、倫理学の新しい実践領域である。

「応用倫理は、さらに環境倫理、生命倫理、ビジネス・エシックス等に分けられるが、問題を扱う方法ではなく問題として扱われる対象によって種別されるので、時代状況に応じて今後も新しい種類が発生するであろう。

「生命倫理を有名にしたテーマに、脳死と臓器移植と安楽死がある。

「なにが脳死かについてはいくつか見解がある。日本では、脳の役割を、一、思考能力、感情、意識、感覚と、二、身体各部の統合とに二分し、一と二のどちらもできないときは脳死、一のみできないときは植物状態としている（内閣総理大臣の諮問機関「臨時脳死及び臓器移植調査会」による答申「脳死及び臓器移植に関する重要項目について」一九九二年一月）。

「日本の立場は、脳のすべての機能が故障し治らないときに脳死とする、全脳死説である。イギリスなどは、脳幹（呼吸、心拍、身体統合）の機能がダメなときに脳死とする、脳幹死説である。大脳（意識、感覚）がダメなときに脳死とする大脳死説もあるが、この説にしたがうと植物状態も死となるので、支持者は少ない。

「脳死は脳が死んでいるという意味だが、イコール人が死んでいるということにはならない。従来、人の死を判定するのに、心臓死を基軸にした死の三徴候が使われてきた。すなわち、一、心臓停止、二、自発的呼吸停止、三、瞳孔散大、の三つの身体現象である。医療技術が未発達の文明段階では、心臓死と脳死に現象としての差がほとんどなく、また人が技術的に人の死に介入できる余地も少なかったので、脳死が倫理的なテーマとなることはなかった。しかし、臓器移植の技術が発達したことや、植物状態の患者の延命技術が発達したことによって、脳死の定義、人の死の定義、さらには人間の定義について考え直さねばならなくなり、生命倫理という新しい倫理分野が必要となった。

「臓器移植で使う臓器の提供者になれるのは、日本では心臓が停止した者と脳死した者である（心臓停止後は、腎臓、膵臓、眼球、脳死後は、心臓、肺、肝臓、腎臓、膵臓、小腸、眼球を提供できる）。

「脳死した者の体は見た目には生きている者と変わらず、臓器摘出の際にはメスに強く反応するため、麻酔をしなければならない。こうした体を死者とみなし人権を停止するためには、客観的に厳密な基準が必要とされる。

「脳死の判定基準（竹内基準）は、一、平坦脳波、二、瞳孔散大、三、自発呼吸の停止、四、脳幹反射の消失、五、深昏睡、が有力である。日本では、この基準をベースに、六時間間隔での二回の判定によって脳死を決定している。

「実際に臓器提供するためには、かつては書面による臓器提供者本人の意思表示と家族の承諾が必要であった。しかし、現在は（二〇〇九年改正臓器移植法）、本人が拒否せず家族が承諾すれば提供可能である（十五歳未満も）。ちなみに、日本での臓器移植を仲立ちしている組織は、日本臓器移植ネットワークである。

「植物状態の裁判によって安楽死は世間に知られるようになった。植物状態の臨床症状は次の七つにまとめられる。一、自力で移動できない、二、自力で食物摂取ができない、三、屎尿失禁状態、四、目は物を追うが認識できない、五、簡単な命令（「手を握って」「口を開いて」など）には応ずることもあるがそれ以上の意思疎通はない、六、声は出しても意味のある発話はできない、七、一から六の状態が三ヶ月以上持続する。

「こうした臨床状況を念頭において、次の二つの裁判の是非について考えてほしい。一つ目。カレン・クインランは植物状態になり、両親は人工呼吸器を外すように希望したが医師がそれを拒否して裁判となる。ニュージャージー州最高裁は、両親の希望を認める判決を下した（一九七六年）。しかし、栄養補給器を外していないためか、カレンはその後九年も生きつづけた。

「二つ目。ナンシー・クルーザンは植物状態になり、両親は栄養・水分補給器を外すように希望した（一九八三年）。本人の意思確認をめぐってミズーリ州と裁判になり、連邦最高裁まで争ったが、一九九〇年、ミズーリ州巡回裁判所は、ナンシーの友人三人の証言を本人の意思があった証拠と認めた。ちなみに、栄養・水分補給器を外すと患者は餓死する。

「そのほか、対応能力の欠けている人の安楽死も、安楽死の初期の事例として見逃せない。例えばジョセフ・サイケヴィッチの事例（一九七六年）やベビー・ドウの事例（一九八二年）である。

「これらは患者本人が安楽死を選択できないケースである。しかし、死期が迫っている患者が、自らの人生の尊厳のために安楽死を選ぶケースが現れて、問題は複雑になる。

「まずは安楽死の種類について確認しておこう。消極的安楽死とは、延命措置を中止して自然に死に至らしめることである。植物状態の安楽死はこれである。

「間接的安楽死とは、死期が早まることを承知で鎮痛剤（モルヒネなど）による苦痛の緩和措置をとることである。ホスピスではこれに合わせて精神的なケアをすることで、患者の人生最後の時間を充実させて、尊厳ある死に向かわせることを目指す（ターミナル・ケア）。

「積極的安楽死とは、致死的な薬剤（筋弛緩剤など）を使用して人為的に死をもたらすことである。見方によっては、薬剤を処方する医療者は自殺幇助とみなされるし、医療者自ら処置するとなると殺人となってしまう。したがって、積極的安楽死が公に認められるには、犯罪とならない条件と、実行する際の手続きの整備が必要となる。

「横浜地裁が東海大学安楽死事件の判決（一九九五年）の際に出した四つの要件は、積極的安楽死が認められる際の条件を示している。すなわち、一、患者に耐えがたい肉体的苦痛がある、二、避けがたい死期が迫っている、三、積極的安楽死以外に苦痛緩和・除去の代替手段がない、四、患者本人の明示的な意思表示がある。

「オランダの安楽死法（二〇〇二年施行）では、医師による積極的安楽死を認める条件に手続きも示唆されている。すなわち、一、患者本人の自発的意思に基づく、二、患者に治癒の望みがなく耐えがたい苦痛がある、三、患者に病状と見込みが知らされている、四、他の選択肢がない、五、ほかの一人以上の医師と相談して所見を得ている、六、適切な医療処置と配慮のもとで行い自殺幇助はしない。

「横浜地裁の判決とオランダの安楽死法は、どちらも患者本人の意思決定に重点を置いている。しかし、日本とオランダの死に関する文化的背景の違いは大きい。安楽死法ではインフォームド・コンセントが医療現場で行われることが前提されており、個人の自律を重んじる近代ヨーロッパの人間観が強く影響している。

「とはいえ、オランダの隣国ドイツは安楽死に否定的であり、苦痛の緩和措置に重点を置く点で日本と似ている。

「結局、人体のどんな状態を人の死とするかは、自然に決まることではなく、人が決めることである。決定に際しては、文化が大きく影響する。例えば、ヨーロッパでは、理性主義の伝統（デカルト）と生命主義の伝統（アリストテレス）がある。前者は、思考を人間の定義的特徴とみなすので脳死容認に傾きやすい。後者は、生体であることを重視するので心臓死にこだわる。人間の最重要部分はマインドかハートかという問いは、科学的に解かれうる問題ではない。

「生命倫理の問題は、どの問題も最終的には、人間とはなにか、生きるとはなにか、幸福とはなにか、といった哲学の問いに逢着する。したがって、哲学同様に、解決をあきらめず解決を急がずに、問いつづけることが重要となる。

「生命倫理でしばしば取りあげられるパーソン論は、自己意識があり思考する者をパーソン（人格）として生物学的なヒトと区別することで、各種問題に明快な答えを出している。自己意識のない胎児や新生児の生きる権利の否定や、高度な脳をもつ動物の権利の容認等の刺激的な結論には、一定数の賛同者もいる。しかし、あまりに理性主義的な人間の定義に固着するようだと、新しい差別の原理に堕っするので、注意が必要である。

わたしは知の栓を閉めた。男はシカのことをよくわかっていないようだった。人間とは精神の有り様が違う。かれのやり方では完全にこちらの主導権を奪うことはできない。

「地球人と異星人の違いなのか。あるいは人間とシカの違いなのか。」

男はおもしろそうにわたしを見やった。

「シカは擬態だ。」

「後はなにが足りない？」

「まだ半分も教えていない。生の誕生のあたりがすっぽり抜けている。ARTとか。ああ、ケアもまだだ。」

男は、フフフと含み笑いを残して消えた。

かれは今後も、シカたちを襲うのだろうか。仕方がない。人間のことは、人間よりもシカのほうが詳しいのだから。


地球の本当の支配者は、われわれシカなのだから。


【参考文献】

平木幸二郎他『倫理』東京書籍、平成二〇年。

藤田正勝編著『理解しやすい倫理』文英堂、二〇〇〇年。

ルソー著、今野一雄訳『エミール（上）』岩波文庫、一九六二年。

ルソー著、今野一雄訳『エミール（中）』岩波文庫、一九六三年。

ルソー著、今野一雄訳『エミール（下）』岩波文庫、一九六四年。

カント著、篠田英雄訳『道徳形而上学原論』岩波文庫、一九六〇年（一九七六年改訳）。

カント著、波多野精一／宮本和吉／篠田英雄訳『実践理性批判』岩波文庫、一九七九年。

佐藤信夫『レトリック感覚』講談社学術文庫、一九九二年。

中村元訳『ブッダのことば：スッタニパータ』岩波文庫、一九八四年。

中村元／紀野一義訳註『般若心経・金剛般若経』岩波文庫、一九六〇年。

ナイジェル・ウォーバートン著、栗原泉訳『哲学の基礎』講談社、二〇一〇年。

関根正雄訳『旧約聖書 出エジプト記』岩波文庫、一九六九年。

翻訳委員会訳『文語訳 旧約聖書Ⅰ 律法』岩波文庫、二〇一五年。

フリードリッヒ・ニーチェ著、原佑訳『偶像の黄昏 反キリスト者 ニーチェ全集 14』ちくま学芸文庫、一九九四年。

清水哲郎／伊坂青司『生命と人生の倫理』放送大学教材、二〇〇五年。

今井道夫『哲学教科書シリーズ 生命倫理学入門（第3版）』産業図書株式会社、二〇一一年。

児玉聡『マンガで学ぶ生命倫理：わたしたちに課せられた「いのち」の宿題』化学同人、二〇一三年。

配信保存欄

配信保存欄

配信保存欄

配信保存欄

配信保存欄

配信保存欄

配信保存欄

配信保存欄

配信保存欄

配信保存欄

『ツァラトゥストラはこう言った』における永遠回帰
―キャラクターとしての、根本概念としての―

（二〇〇五年発表、二〇一九年改題・修正）

はじめに

ニーチェは『この人を見よ』「ツァラトゥストラはこう言った」の「一」で、『ツァラトゥストラはこう言った』の根本概念は永遠回帰思想であると明言している（p.334 l.4-6）。しかし、『ツァラトゥストラはこう言った』に永遠回帰が明示的に登場することはなく、ツァラトゥストラと永遠回帰の対峙に向けての曖昧な布石が重ねられているだけである。布石と解しうる表現は、表1のようにまとめられる。

表1　永遠回帰登場の布石

部	タイトル、節	布石の内容
一	ツァラトゥストラの序説、10	ツァラトゥストラの動物たち（ワシとヘビ）が再登場する場面で、首にヘビが巻きついたワシが円を描いて飛ぶ（p.27 l.11-12）。
二	有徳者たちについて	有徳者のなかに「円環の渇望」（p.121 l.5）が存在することをツァラトゥストラは説く。
二	舞踏歌	「ある未知のものが私の周りにあり思案しつつ見つめている。なんだ。君はまだ生きているのか、ツァラトゥストラよ！」（p.141 l.24-25）。
二	教養の国について	「私は重いものを担わねばならないので」（p.155 l.14-15）とツァラトゥストラが言う。
二	大事件について	当時ツァラトゥストラが滞在中の至福の島々近辺の活火山のある島で、その島に上陸した船長と船員が火山に向かって高速で飛び去るツァラトゥストラを目撃する（p.167 l.12-14）。そのツァラトゥストラは「時間だ！最高の時間だ！」（p.167 l.15-16）と言う。ツァラトゥストラ自身の考えでは、それは彼の「影」（p.171 l.3）である。彼は自問する。「なぜその幽霊は「時間だ！ 最高の時間だ！」と叫んだのか。／最高の時間—なんのためのか？」（p.171 l.9-11）、と。

二	予言者	ツァラトゥストラは「予言者」の言葉によって寝込み（p.173 l.8-13)、覚醒後、彼の弟子たちに夢の話をする。夢のなかで「誰が自分の灰を山に運ぶのか」(p.174 l.14-15）とツァラトゥストラは叫んだという。
二	救済について	背中にこぶのある身障者に、ツァラトゥストラは彼が相手によって話し方を変えることを見抜かれる(p.182 l.9-16)。身障者はこう語る。「しかしなぜツァラトゥストラは彼の弟子に、自分自身に向かうのとは別様に語るのか？」(p.182 l.15-16)。つまり、ツァラトゥストラが弟子に隠し事をしていることを身障者に見抜かれる。
二	もっとも静かな時	擬人化された「もっとも静かな時」の語れという要求を、ツァラトゥストラは次のように述べて拒絶する。「そうだ、私は知っている。しかし私はそれを語りたくない！」(p.188 l.5-6)。そうしたツァラトゥストラのしり込みに対して、「もっとも静かな時」は次のように言い放つ。「おお、ツァラトゥストラよ。おまえの果実は熟しているが、おまえはおまえの果実に対して熟していない！」(p.189 l.32-33)。その後、ツァラトゥストラは自分を完成させるために、帰郷の途に着く。
三	さすらい人	弟子たちとの二度目の別離のあと、故郷の山の洞窟への帰郷の途中の出来事。島の反対側の港を目指して山の尾根を進行中の真夜中に、ツァラトゥストラは次のような思いを抱く（p.193 l.8-10)。「偶然」が自身に生じる時期は過ぎた（p.193 l.14-15)。「人は結局ただもう自分自身のみを体験するだけだ」(p.193 l.16)。
三	幻影と謎について	ツァラトゥストラと永遠回帰の直接的な対峙の幻影にして予見である。特に「二」(p.199ff.）は曖昧な布石とするにはあからさまにすぎる表現だが、あくまで幻影なのでここで本当に対峙があったわけではない。
三	意志に反する至福について	航海四日目の夕方（p.203 l.2)、ツァラトゥストラに「意志に反する至福」が訪れる。「意志に反する」とは、至福を存分に味わう前に、永遠回帰との対峙が残されていることを意味する。

もちろん、布石がうまく効いて物語を前進させているとすれば、永遠回帰は確かに『ツァラトゥストラはこう言った』の一つの主題の役目を果たしている。しかし、永遠回帰がこの作品の「根本概念」であるという規定は、永遠回帰がこの作品の主題であるという規定を超えている。根本概念であるからには、永遠回帰はもっと深く作品の存在理由にかかわっているはずであるから。

本稿では、永遠回帰が『ツァラトゥストラはこう言った』の根本概念である理由を、この作品のキャラクターの構造を著者ニーチェと主人公ツァラトゥストラの「自己」論によって分析することで論究する。そのために、まずは、『ツァラトゥストラはこう言った』という作品のジャンルについて確認し、次に自己超克の観点と多様性の観点とから自己論を構成し、そしてその自己論から作品のキャラクターに着目した作品分析を行う。そのうえで、ツァラトゥストラが「永遠回帰の教師」に自己超克する物語であるこの作品は、永遠回帰思想というキャラクターが自分の権力への意志を貫徹する物語でもあること、そして、永遠回帰の権力への意志によってツァラトゥストラが動かされてこの作品の物語が発生するがゆえに、永遠回帰はこの作品の根本概念であることを明らかにしたい。

I　悲劇かパロディか

そもそも『ツァラトゥストラはこう言った』とは、どういった種類の作品なのか。[1] この作品を包み込む構成になっている『悦ばしき知識』[2]ではどのように規定されているのか。同書「第四書」の「三四二」、すなわち、『ツァラトゥストラはこう言った』の冒頭の節とほぼ同一である初版の最終節は、「悲劇が始まる」という題名をもっている。また同書「第二版への序文」「一」では、「悲劇」は始まるが、間違いなく「パロディ」も始まると述べられている（p.346 l.28-32）。同様に「第五書」「三八二」では、『この人を見よ』「ツァラトゥストラはこう言った」の「二」でツァラトゥストラの生理学的前提とされた「大いなる健康」をもつ人物、すなわちツァラトゥストラのような人物が、「思いがけぬパロディ」（p.637 l.12）であり、しかもやはり彼とともに「悲劇が始まる」（p.637 l.15）とある。著者ニーチェによるこうした自作品への批評によれば、結局『ツァラトゥストラはこう言った』は悲劇でもありパロディでもあることになる。[3] では、この作品はどういった悲劇、あるいはパロディなのか。この問題には、作品そのものの分析によってでなければ答えられない。まずは、作品分析の道具として、主人公自身の思想でもある自己論を構成する。

Ⅱ　自己論

1　身体

ツァラトゥストラは「私」というものをどう考えているのか。『ツァラトゥストラはこう言った』第一部の「ツァラトゥストラの説話」の「身体を軽蔑する者たちについて」で、ツァラトゥストラは精神と身体に関して以下のように述べている。すなわち、覚醒した者や分かっている者にとって、「私はまったく身体であり、それ以外の何者でもない」(p.39 l.7–8)。「その身体は大きな理性である」(p.39 l.10)。それに対して、身体を軽蔑する者たちの言う「精神（Geist）」は「小さな理性」である(p.39 l.12–13)。身体を軽蔑する者たちの言う「自我（Ich）」がなにかを感じたりなにかを考えたりするのは、自我の背後にいる「自我の支配者」である「自己」が(p.39 l.21–23, p.40 l.3–5)、そのように感覚し思考するように自我に命じるからである(p.40 l.13–18)。小さな理性、精神は大きな理性、身体の小さな道具、玩具である(p.39 l.12–14)。そもそも身体が自らの意志の「手」として精神を創造した(p.40 l.23–24)。したがって身体を軽蔑する者たちに身体を軽蔑させているのも、身体自身であり、身体である自己が生にそむき死のうと欲しているのである(p.40 l.25–27)。なぜ死のうとしているのか。それは自己がもっとも好むこと、自己の熱情であるもの、すなわち「自分を超えて創造すること」が不可能だからである（p.40 l.33–p.41. l.2）。

このように要約できるツァラトゥストラの説話は、表2のように整理できる二項対立に基づく批判である。彼は表の上段に正の価値を与え、下段に負の価値を与えることで下段を批判していることになる。

この二項対立は、その背景にあるツァラトゥストラの思想とともにみなければ、十分には理解できない。われわれがまさに「私」とみなしている「自我」の背後にいる黒幕「自己」とは、いったいどんなものなのか。右の要約からわかることは、その自己が「自分を超えて創造すること」を好み、それに情熱を燃やすということだけである。また「身体を軽蔑する者たちについて」では、身体を軽蔑する者たちは「超人」への小橋ではない（p.41 l.5–6）、とも述べられている。こうしたツァラトゥストラの言葉から、自分あるいは人間を「超える」こと、すなわち自己超克が、身体としての自己の理解の一つの鍵であるとわかる。次に、自己の解明の鍵である「自己超克」を追究する。

2　自己超克

(1)　神と超人

自己超克を説明するときにツァラトゥストラがよく用いる「超人」という言葉にツァ

表2　身体と精神の対比

身体	自己	大きな理性	自我の支配者、創造者
精神	自我	小さな理性	身体の手、道具、玩具

ラトゥストラが初めて言及するのは、彼の物語の序盤、『ツァラトゥストラはこう言った』「第一部」の「ツァラトゥストラの序説」「三」においてである。「三」において、ツァラトゥストラは、綱渡り師の芸を観ようと集まった市場の民衆に向けて（p.14 l.9–12）、物語最初の説教を始める。「超人」を主題にしたその説教の前に、ツァラトゥストラが「神の死」を物語の前提として確認していることは注目に価する。すなわち、ツァラトゥストラは彼の洞窟のある山を十年ぶりにおり、「神が死んでいること」を知らない老聖者（p.14 l.5–7）の住む森を抜けて市場に出現する。したがって、彼の最初の説教は、神の死を前提に展開されている。

最初の説教で、ツァラトゥストラは次のように語る。「私は君たちに超人を教える。人間は超克されるべきところのなにものかである」（p.14 l.13–14）。「従来あらゆるものは自分を超えてなにかを創造した」（p.14 l.16）、と。このように人間の自己超克による超人の創造を説く説教のなかで、ツァラトゥストラは、「サル」「虫」から「人間」へ、そして「人間」から「超人」へ（p.14 l.19–24）という進化論的な説明を用いる。彼は、「人間は動物と超人とのあいだに結ばれた綱である。―深遠のうえの綱である」（p.16 l.25–26）と規定することで、あるいは、人間は「橋であって目的ではない」（p.16 l.30–p.17 l.1）と断じることで、人間が本質的に生物進化における過渡的な存在であることを主張する。そして、このように人間が「過渡」であるところ、さらには「没落」であるところに、ツァラトゥストラにとっての人間の愛すべき点がある（p.17 l.1–2）。ツァラトゥストラは、人間のなかでも、大地が超人のものとなるために自ら進んで没落し破滅する者を愛する。「超人は大地の意義である。君たちの意志はこう言うべきだ。超人を大地の意義であらしめよ！」（p.14 l.29–30）と彼は民衆を煽動し、また、人々が「大地に忠実であり続け」（p.15 l.1–2）、「超地上的な希望」（p.15 l.2–3）に耳を貸さないようにと彼は切望する。

この最初の説教からだいぶ後に、ツァラトゥストラは、彼の意志が、超人のみに向かうのではなく、「人間」につなぎとめられてもいる（p.183 l.11–13）と語る。超人が「大地の意義」であらねばならないなら、超人は「背後世界」[4]の神のような「超地上的な」存在であってはならないのだから、ツァラトゥストラが超人と人間との結びつきを維持しようとするのは当然である。彼の最初の説教は、進化論的な説明によって超人を生物の変異の連続に組み込むことで[5]、超人が神のような超地上的な存在と解される道を塞ぐ。しかし、なぜ超人は超地上的な神であってはならないのか。なぜ古い神が失効した後の新しい神であってはならないのか。ツァラトゥストラはこう語っている。「君たちは自分を超人の父、祖先に改造することはできる」（p.109 l.17–18）。しかし「君たちは神を創造できるだろうか？」（p.109 l.14）、と。このように語るツァラトゥストラの考えでは、超人と神の違いは、人間がその創造に参加できるかどうかにあるといえる。超人は、人間がその創造に参加できる自分の未来に存在するものであり、もちろんその存在にいつまでも到達できないとなると現実的には人間の意欲を減退させるであろうが、もともと人間には関与できない彼岸世界に存在する神のように人間の意欲を原理的に減退させることはない。そうした意欲の原理的な減退を起こさないという意味で、超人は、人間をニヒリズムに陥りさせない人間の目標であり、神とは別の存在でなければならない。

(2) 比喩と超人

では、ツァラトゥストラの物語とは、他の人間に先駆けて超人のために自分を犠牲にした人物の悲劇なのか。そうだとすれば、『ツァラトゥストラはこう言った』の根本概念は、本当は永遠回帰ではなく超人ではないのか。しかし、この詩作品の冒頭に現れる「超人」という印象的な言葉に、読者はあまり期待すべきではない。真の敵の姿が物語の後半に明らかになる多くのフィクションと同様に、超人には物語の始めに読者の興味を引くという限定的な役割が与えられている。物語が進行するにつれて超人への言及は少なくなり、自己超克の説明に別の言葉が用いられることもある。結論的に言えば、ツァラトゥストラにとって超人は、哲学的に定義された概念ではなく、定義しにくい〈なにか〉へと読者の視線をひきつける比喩である。ツァラトゥストラは、自身を詩人と規定し（p.163 l.20）、自嘲しつつも自分は比喩で語る詩人でなければならないと語る（p.247 l.29–31）。そして「超人」は、詩人ツァラトゥストラが「道で拾ってきた」言葉であるとも彼は語る（p.248 l.14–16）。また彼は率直にこうも述べる。すなわち、詩人のみが夢想しうる多くのもののなかに「神々」と「超人」がある、と（p.164 l.26–34）。こうした発言は、ツァラトゥストラにとって超人が、彼の教説に必須の概念ではなく、文脈によっては彼と聞き手のあいだでうまく機能しそうに思える、比喩であることを示している。

実のところ、ツァラトゥストラにとって、すべての「過ぎ去らないもの」、すなわち言葉は、「比喩」にすぎない（p.163 l.4）。したがって、彼からみれば、実在を「過ぎ去らないもの」でただ記述するだけで真理をとらえうると考える客観的な学問は、自分の言葉が比喩に過ぎないことを自覚する詩人よりも欺瞞的にみえるであろう。『悦ばしき知識』「第二書」の「五七」にみられるニーチェの「リアリスト」批判[6]は、そのままツァラトゥストラに受け継がれている。しかし、詩人ツァラトゥストラは、詩人としての自己を完全に是認するのではなく、詩人があまりに「嘘」をつきすぎる（p.163 l.6）ことを非難し、自嘲しつつ自分は詩人でなければならないと語る（p.247 l.29–31）。では、自嘲しつつも、彼が詩人であること、つまり彼が嘘つきであることを彼が自身に正当化させるものはなにか。それは、彼の救済者としての使命感、彼の自負心である。ツァラトゥストラはこう語る。「詩人として、謎を解く者として、そして偶然の救済者として」（p.248 l.29）、「未来にかかわりつつ創造すること」（p.249 l.1）を彼は教える。「あったことすべてを――創造的に救済すること」（p.249 l.1–2）、「そうであった」を「しかしそうであることを私が欲したのだ！私はそう欲するだろう」に作り変えることが、未来の創造に通じる「過ぎ去ったこと」の救済である（p.249 l.3–5）。このような未来へと創造するための過去と現在との利用が、現状では無意味な過去と現在に、未来のなにものかの成立になんらかの役割を果たしたという意味を与え、過去と現在を無価値状態から救済する。「人間に関して断片であり、謎であり、残酷な偶然であるところのものを一つに詩作し収集すること」（p.248 l.26–28）に、ツァラトゥストラは全力を尽くす。彼の用いる比喩は、もちろん「超人」という比喩も、そのような人間における諸断片の詩作的総合と収集のために存在すると考えられる。[7]

（3）権力への意志

前述のように、ツァラトゥストラは超人の比喩を次第に用いなくなる。しかし別の言葉で自己超克について語り続ける。「権力への意志」（p.146 l.10–11）もそうした言葉の一つである。ツァラトゥストラはこう述べている。「生きているものを私が見出したところに、私は権力への意志を見出した」（p.147 l.34）。擬人化された「生」もまた、ツァラトゥストラにこう語る。「私は常に自分自身を超克しなければならないところのものである」（p.148 l.17–18）。「生あるところにのみ意志もまたあるが、しかし生への意志ではなく――私は君にこう教える――権力への意志なのだ！」、と（p.149 l.3–4）。こうした権力の絶対的な優位性、自己保存よりも権力の増大を目指すことを[8]、ツァラトゥストラはさまざまな文脈で繰り返し述べる。彼によれば、権力のために、生は自分を犠牲にするし（p.148 l.22–24）、「権力への意志」は認識者の「真理への意志」を「足」にしてさまよう（p.148 l.31–32）。賢者もまた、すべての存在者を思考可能にすることで、すべての存在者を自分に従わせ屈服させようとする（p.146 l.6–10）。賢者が「善悪について、そして価値評価について話すときもまた」（p.146 l.12–13）、本当の目標は公平な判定ではなく権力である。

さて、このような多彩な説話のなかで、「超人」や「権力への意志」といった言葉を用いてツァラトゥストラが示唆している本当の「私」、自己とは、端的に言ってどんなものなのか。それは第一に、身体である自己である。第二に、それは自分そして人間を自己超克する。第三に、それの行う自己超克とは権力の拡大である。こうした自己論からみて、人間はサルよりも権力があり、人間がそれに向けて自己超克し創出すべき超人は、人間よりも権力がある、といえる。しかし今整理した自己の三つの特徴は、自己の行動に現れる外面的現象の特徴にすぎない。では、自己の内部構造はどうなっているのか。

3　多様性と統合

「身体を軽蔑する者たちについて」で、「身体は大きな理性である」とツァラトゥストラが説教したことはすでに述べた。ツァラトゥストラはその言葉に続けて、「一つの意味をもつ一つの多様」「一つの戦争と平和」「一つの畜群と牧人」(p.39 l.10–11)、という表現を用いている。このさりげない補足的な表現に、身体としての自己の構造、すなわち、互いに争いときには勢力均衡状態に達する多様を一つの支配者のもとにまとめることで成立する構造が示されている。つまり、「意味」「牧人」が「戦争と平和」の状態を繰り返す「多様」「畜群」をまとめている構造である。

この構造を、「喜びの情熱と苦しみの情熱について」の説教は含んでいる。そこでツァラトゥストラは、次のような「徳」についての説教をする。「誰とも共有されない」(p.42 l.3)、つまり普遍的でない徳、「それは私の善」(p.42 l.14)である。「地上的な徳」(p.42 l.19)「神の法」ではない徳、「超-大地とパラダイス」を示す「道標」ではない徳(p.42 l.16–18)。こうした徳は「悪」と呼ばれた「情熱」から育った(p.43 l.1–3)。そして「結局、君のすべての情熱は徳となり、君のすべての悪魔は天使となったのである」（p.43 l.11–12）、と。このように、ツァラトゥストラは悪とも見える情熱に徳を還元したあと、次のように語る。こうして悪は消滅したが、今度は別の種類の悪が、諸徳間の闘争から生まれる（p.43 l.16–17）。多くの者が「諸徳の戦いと戦場」であることに疲れて滅んでいった（p.43 l.21–22）、と。このようにツァラトゥストラは、人間を多様な諸徳の相互闘争の場として理解し、そこに新しい悪、人間の没落の危機を看取している。しかも、ツァラトゥストラは、この悪の発生は複数の徳があるときには必然的である（p.43 l.23–25）、と言う。というのも、自己を構成するどの徳も最高位を切望し、自己の精神全体を伝令として使役したいからである（p.43 l.26–27）。そのため、どの徳も互いに他の徳を嫉妬し、その嫉妬によって諸徳は自滅するかもしれない、と彼は指摘する（p.43 l.29–p.44 l.2）。

　このような、支配者の地位を目指す諸徳の相互闘争の場である自己が自滅する可能性を説く教説は、逆に、自滅を免れ、諸徳を建材とする安定した構造を自己がもつ可能性を排除していない。[9] しかし「教養の国について」でツァラトゥストラが批判しているのは、諸要素に分離したままの現代人である。すなわち、「身体を軽蔑する者たちについて」で述べたような、一つの「意味」、一人の「牧人」を含まない多様な人間、文化的に雑種化しているドイツの教養人である。故国にてツァラトゥストラは、「多彩に斑点をつけられたもの」（p.153 l.11）である人間を見て笑う。彼の故国では、「顔と手足に五十の斑点で色取る」（p.153 l.15）現代人を、「五十の鏡」が追従し真似している（p.153 l.17–18）。彼の故国の人間は、全身に何重にも「過去の記号」をペイントし（p.153 l.22–23）、「すべての時代と民族」「すべての習俗と信仰」を身にまとっている（p.154 l.1–2）。しかしその彩り豊かなペイントに隠されて、鳥を脅かす「骸骨」(p.154 l.7) があるのである。ツァラトゥストラにとって苦痛なのは、現代人が服を着ていても裸であっても見るに耐えないことである (p.154 l.12–13)。現代人は、「われわれはまったく現実的であり、信仰も迷信もない」(p.154 l.17–18) と言う。しかし、ツァラトゥストラにとって、こうした「かつて信じられたものすべての絵」(p.154 l.21) でしかない現代人は、信仰と思想の失敗例であって (p.154 l.22–23)、迷信を克服した者というよりは「信仰をもつにふさわしくない者」(p.154 l.23) なのである。[10]

「教養の国について」の説教でツァラトゥストラが批判する対象は、故国の現代人が多様な諸文化の集合であること、すなわち、一人の人間の多様性そのものではない。彼がそうした現代人に対して否定的なのは、多様性の統合ではない状態の現代人が[11]、「生産できない」(p.154 l.28) からである。ツァラトゥストラは、故国を否定し、「私の子供たちの国」(p.155 l.27) を愛する。彼はこう語る。「私が私の父祖の子供であることを私は私の子供たちによって償いたい。すべての未来によって—この現在を！」(p.155 l.30–31)、と。このように、未来に大きな価値を置くことで過去と現在に価値を取り戻すという戦略は、ツァラトゥストラがしばしば用いる方法である。彼は「贈与する徳について」の「二」ではこう語っている。「君たち今日の例外者、君たち脱退者、君たちがいつか一つの民族になるべきである。自分で自分自身を選んだ君たちに、選出された民族が成長するだろう。—そしてその民族から超人が」(p.100 l.33–p.101 l.2)、と。この「新しい民族[12]」からの逆算によって、由来の異なる諸文化に発する多様な諸要素が相互闘争する場である一人の人間は、その場全体の没落の危機にあるというだけではなく、未来を生み出す可能性を孕んだ場となる。[13]

こうしたツァラトゥストラの思考方法、すなわち、現在と過去の無価値な分散を価値の豊かな未来の素材として積極的に評価する思考方法は、『ツァラトゥストラはこう言った』が成立する前にすでにニーチェにおいて熟成していた。例えば、『悦ばしき知識』「第四書」の「三三七」で、ニーチェは、「人間の歴史をひっくるめて自分自身の歴史と感じることを知る者」(p.565 l.3–5) に未来の可能性をみている。というのも、ニーチェによれば、未来の人間は、人類史を「一つの魂と一つの感情に詰め込む」(p.565 l.21–22) ことで出来する人間だからである。また同書「第三書」の「一一三」で、次のようにニーチェは述べている。「一つの学問的思考」は多くの力が集まってから発生し (p.473 l.21–22)、「すべてのこうした必要な諸力は個々に見出され、訓練され、育成されねばならない!」(p.473 l.22–24)。諸力はばらばらであったとき、さまざまな諸衝動という「毒として作用した」(p.473 l.27) ので、こうした諸衝動が「それらの共存を把握し、互いに一人の人間のなかの一つの組織化する威力の機能として自身を感じることを学ぶ」(p.473 l.31–p.474 l.1) までに、多くの人間が犠牲になった (p.473 l.29–30)、と。こうした犠牲を出しながら生まれた学問的思考にニーチェは満足していない。彼は、「より高度の有機的組織」(p.474 l.4)、すなわち、「学問的思考」(p.474 l.2) に「芸術的な諸力」(p.474 l.2–3) と「生の実践的な賢明さ」(p.474 l.3) が加わった組織が出現する遠い先に、思いを馳せる。

「歴史」や「諸衝動」のような複数の諸要素がうまく統合するときに、「未来の人間」や「より高度な有機的組織」のような価値ある個体が出現するという思考方法は、『悦ばしき知識』「第四書」の

「三三三」での、次のような「理解」の成立過程の分析にも鮮やかに表現されている。ニーチェは次のように述べている。認識とは「嘲ろうとする意欲、嘆こうとする意欲、呪おうとする意欲の、さまざまな抵抗しあう諸衝動の結果」（p.558 l.24–26）であり、「諸々の衝動のお互い同士へのなんらかの関係」（p.559 l.8）である。「認識が成立する前には、こうした諸衝動のそれぞれが初めに事物あるいは事件に関する偏った意見を持ち出さねばならない」（p.558 l.26–28）。その後に、「こうした諸々の偏りの闘争が発生し」（p.558 l.28–29）、「その闘争から」、中間的な状態、闘争の沈静化した状態、闘争に参加したそれぞれの要素に権限が割り振られた状態、つまり、「ある種の正義と契約とが発生した」（p.558 l.29–p.559 l.1）、と。つまり、そうした互いに反目する諸々の衝動間に結ばれた「正義と契約」が、一人の人間の意識に現れる「理解」なのである。[14] この種の思考方法、すなわち、お互いを支配しようとする多様な諸要素が相互に闘争するなかである種の統合に達して形成される構造体として事物を分析するニーチェの思考方法の事例は、他にもある。例えば、『悦ばしき知識』「第三書」「一一八」の「細胞」についての考察や、同書「第四書」「二九一」のジェノアについてのエッセイなど。

さて、「救済について」において、ツァラトゥストラは、大きな橋のうえで背中にこぶのある身障者に次のように語る。身障者は別にひどいものではなく、ひどいのは（p.177 l.24–p.178 l.10）、「逆の身障者」（p.178 l.9–10）である。すなわち、「一つのものをあまりに多くもっている以外はすべてが欠けている人間―大きな目、あるいは大きな口、あるいは腹、あるいはなんらかの大きなもの以上のなにものでもない人間」（p.178 l.6–10）である、と。ツァラトゥストラは弟子たちに向き直りさらにこう続ける（p.178 l.27–28）。「私が人間たちのなかを逍遥するのは、人間の断片と四肢のなかを逍遥するようだ」（p.178 l.29–30）。過去に見出されるのも、「断片と四肢と残酷な偶然」（p.179 l.1–2）にすぎない、と。ツァラトゥストラは、このように一部が肥大化し断片化した人間の惨状のなかを、すなわち「私のもっとも耐えがたきもの」（p.179 l.4）のなかを生きる。

しかし、断片化した人間は、ツァラトゥストラにとって、たんなる嫌悪すべき否定的なものではなく、未来の可能性でもある。彼はこう語る。既存の人間たちは「未来の断片としての」人間（p.179 l.18–19）であり、ツァラトゥストラ自身は「来たらねばならないものの予言者」（p.179 l.5–6）である。彼は「詩人、謎を解く者、偶然の救済者」（p.179 l.24）であって、「断片であり、謎であり、残酷な偶然であるところのものを一つに詩作し収集すること」（p.179 l.20–22）に苦心する。「救済」とは、「過ぎ去ったものを救済すること、そしてすべての「そうであった」を「私はそうであることを欲した！」に作り変えること」（p.179 l.26–27）であるから、「解放者」である「意志」「意欲」（p.179 l.28, l.31）にとって、「時間が逆行しないこと」が憤懣の種である（p.180 l.10）。「すべての「そうであった」は断片、謎、残酷な偶然である」が、そうした惨状は「創造する意志」[15]が「しかしそうであることを私は欲したのだ！」（p.181 l.16–18）、「しかしそうであることを私は欲するのだ！ そうであることを私は欲するであろう！」、と言うまで続く（p.181 l.19–20）。このようにツァラトゥストラの語る「救済について」の教説では、ツァラトゥストラの「創造する意志」は、いわば「身体を軽蔑する者たちについて」で述べられていた「牧人」「意味」であり、「畜群」「多様」すなわち人間たちを糾合して、未来に「来たらねばならない者」を合成する。[16]

このような多彩な説話から、ツァラトゥストラの考える本当の「私」、身体としての自己の内部構造を次のように理解することができる。第一に、自己は多様な要素の集合である。第二に、それらの諸要素は互いを支配しようと相互に闘争する。第三に、その相互闘争は、ある種の統合に達して価値の高い構造体を生み出す可能性がある。本稿「Ⅱ」の「2」の結論を合わせて考察すれば、諸要素の統合によって価値の高い構造体が生まれることが自己超克であり、権力の拡大という現象の構造的な内実であると推論できる。

Ⅲ 『ツァラトゥストラはこう言った』のキャラクターの「自己」の分析

1 ツァラトゥストラの自己

ツァラトゥストラの人間を見る見方は、ニーチェの闘争する多様な要素の構造体として事物を見る見方と同じである。そして、そのツァラトゥストラ自身の自己もまた、同じ見方で分析できる。

ツァラトゥストラを構成する諸要素のなかで『ツァラトゥストラはこう言った』の物語の推進にとっ

て重要な要素は三つある。[17] 第一に、教育への欲望のために教える者であるという要素である。この要素によってツァラトゥストラは孤独な山の生活に満足できずに下山するという行動を起こすのであるから（p.11 l.9–p.12 l.10）、この要素がなければ、そもそも物語自体が始まらないとさえいえる。第二の要素は、人間を嫌悪する者であるという要素であり、第三の要素は、既存の者を救済しようとする者であるという要素である。第二の要素と第一・第三の要素との反目によって、ツァラトゥストラは、現状の人間たちとの交流に不満を抱きながらも、未来を志向して断続的に交流し続けねばならなくなる。ツァラトゥストラが人間に絶望し山にこもってしまっても、逆に、既存の人間との交流に満足して町で幸せに暮らしても、物語は終了してしまうことを考えれば、第二の要素と第一・第三の要素との反目は、物語を継続させる原動力であるといえる。

「意志に反する至福について」で語られる帰郷中の説教に、[18] これら三つの要素が物語の終盤へ向かう流れのなかで統合される様子が表現されている。ツァラトゥストラは次のように語る。自分は「道連れ」「子供」（弟子たち）を求めているが、そうした者を「発見」するのではなく「創造」しなければならない（p.203 l.22–24）。しかし、そうした子供のために、まずは「ツァラトゥストラが自分を完成しなければならない」（p.204 l.2–3）。つまり、ともに創造する者である選抜された弟子たちのために、まずは「私が自分自身に完成しなければならない」（p.204 l.28–29）。私は「私の最後の試験」（p.204 l.30–31）を待つ、と。ここでツァラトゥストラが表明しているのは、弟子たちを自己超克に導く教師となるために、まずは自分が自己超克しなければならないという決意である。この決意において、彼の教育への欲望と既存者の救済への意欲は、既存の人間への嫌悪感をともないながら、彼を一つの目標へ、自分自身の自己の未来像へと駆り立てる。そして物語の流れは、彼の永遠回帰との対峙[19]へと収斂するのである。ツァラトゥストラの動物たちの彼に対する次のような断定は、彼の自己の未来像を端的に規定している。「あなたは永遠回帰の教師である―それが今やあなたの運命だ！」(p.275 l.29–30)。

ツァラトゥストラに焦点を絞れば、『ツァラトゥストラはこう言った』が描いているのは、主人公であるツァラトゥストラに内的葛藤を発生させながら彼をさまざまな言動へと駆り立てる諸要素が、「永遠回帰の教師」というキャラクターの完成に向けて統合される物語である。[20] この作品がこうしたキャラクター完成の物語であることは、永遠回帰の教師へと自己超克するために山の洞窟へ帰郷する前にツァラトゥストラが語った次の言葉に、要約的に表現されている。「それはただ戻ってくるだけだ、それがついに私に帰郷するのだ―私の本来の自己が。自己の長く異国にいたもの、すべての事物と偶然のあいだに撒き散らされていたものが」(p.193 l.20–22)。では、こうした彼の物語の悲劇性とパロディ性はどこにあるのか。もちろん彼は永遠回帰の教師となり現在と未来の架け橋となることで没落するのであり、作品中に暗示されるところでは、最後の下山のあとで死ぬ運命にある(p.249 l.11)。自己完成が自己の死に直結するところは、まさに彼の物語が悲劇であることを証明している。しかしパロディ性についてはどうなのか。明白ではあるが浅薄な彼のパロディ性、すなわち―彼が彼岸世界の創始者の一人ゾロアスターであること、彼の説教に聖書やデューリングやエマーソンなどの口真似があることーこうしたことがこの作品のパロディ性のすべてなのか。

2　永遠回帰の自己

読解の焦点を主人公に向け続けることは、必ずしも作品の正確な理解にとって十分とはいえない。『ツァラトゥストラはこう言った』が論述ではなく詩形式の物語であることは、永遠回帰という「思想」をキャラクターとして見るようにわれわれを促している。物語においては思想もキャラクターになりうるし、キャラクターであればそれ固有の自己をもつ。実際これまでに言及したように、この作品は、「生」や「もっとも静かな時」のような非人格的な存在がキャラクターとして主人公と会話をするファンタジーであって、表1のようになかなか姿を現さない永遠回帰思想は、フィクションにありがちな、「ヒーローに姿を見せない強敵」「ヒーローが真に立ち向かうべき黒幕」という役回りにあるとみなしうる。

「永遠回帰」というキャラクターに焦点を合わせてこの作品を読み解くなら、この作品が描いているのは、このキャラクターの自己がその権力への意志を貫徹し成功する物語である。物語全体を鳥瞰するとき、このキャラクターの自己超克とは、この物語の世界に現出することそのものであったと気づく。[21] 表1に挙げられているように、物語の序盤では存在感のない曖昧な布石にすぎないこのキャラクターに、他のキャラクターたちは思想内容を、つまりこの思想の劇中での肉体となるこのキャラクターの諸要素を与えていく。特に主人公ツァラトゥストラは、彼にとってのっぴきならない当事者的な問題としてこの思想に対することで、この思想の思想内容の具体化、つまりこの思想の劇中での肉体の形成に大きく寄与する。そのうえ、ツァラトゥストラは、物語のあとも永遠回帰の教師として永遠回帰思想を喧伝し最後はこの思想に殉じて死ぬことで、この思想の物語世界への現出に寄与するであろうことが予想される。そういった意味では、ツァラトゥストラの永遠回帰の教師への自己超克は、永遠回帰に使役される永遠回帰の使者という永遠回帰の自己の一要素として自己完成することなのである。

このように物語を解するとき、明らかに永遠回帰は、ギリシア悲劇の神々や運命の役回りを模した立場に立ち、ツァラトゥストラを悲劇的に破滅させる。しかし、『ツァラトゥストラはこう言った』での永遠回帰の描出の仕方は、この思想を神的なものに超越化する方向には向かっていない。[22] どれほどツァラトゥストラにとってこの思想が深刻な問題であろうと、その深刻さはこの思想とツァラトゥストラという特定のキャラクターとの一定の関係性から生じるものであって、他のキャラクターにとっては、そしておそらくはこの作品の多くの読者にとっても、この思想はツァラトゥストラにのみ住み着き、彼を奇矯な言動に駆り立てる彼専用の固定観念にみえる。このように、神や運命ではなく単なる固定観念が主人公を駆動させるという事態に、この物語のもっとも鮮明なパロディ性がある。つまり、キャラクターとしての永遠回帰に着目するとき、『ツァラトゥストラはこう言った』は、悲劇のパロディなのである。

おわりに

ツァラトゥストラとニーチェの文言から構築できる自己論は表3のように整理できる。

この自己論を使って分析するときにわかる、ツァラトゥストラと永遠回帰の自己は、表4のように整理できるものである。

ツァラトゥストラと永遠回帰が作品にもたらす悲劇性とパロディ性は表5のとおりである。

さて、永遠回帰思想が表4と表5のように分析されるとき、なぜこの思想は『ツァラトゥストラはこう言った』の「根本概念」であるのか。その答えを端的に言えば、この思想が、この作品の物語すべての土壌だからである。この作品の物語は、この思想が現出しようとする動きに対する反応で成り立っている。この思想が現れ出ようと胎動しなければ、反応としての物語全体が発生せず、各キャラクターは、特に主人公ツァラトゥストラは、今作品中にいるキャラクターとして構築されない。その意味で、永遠回帰思想は、まさに「根本」、すなわち『ツァラトゥストラはこう言った』を生み出す土壌であり、「概念」、すなわち『ツァラトゥストラはこう言った』の受胎なのである。

表３　本当の「私」である自己

外面的現象としての自己	身体である	自己超克する	権力の拡大を目指す
自己の内部構造	多様な要素から構成される	それらの諸要素は互いを支配しようと相互に闘争する	その相互闘争は、ある種の統合に達して価値の高い構造体を生み出す可能性がある

表４　主要キャラクターの自己の構造

キャラクター名	主要要素	自己統合の中心	目標
ツァラトゥストラ	教育への欲望 人間への嫌悪 既存の者の救済者	永遠回帰の教師	永遠回帰の教師への自己超克
永遠回帰	他のキャラクターから付与される諸々の思想内容	不明	物語世界への出現

表５　主要キャラクターが作品にもたらす悲劇性とパロディ性

キャラクター名	悲劇性	パロディ性
ツァラトゥストラ	永遠回帰の教師として没落し死ぬこと	①聖書などの口真似 ②背後世界の否定者である彼の名前の由来が、背後世界の創造者の一人「ゾロアスター」であること
永遠回帰	ツァラトゥストラを自分の伝達者にして没落させ、死に至らしめること	ツァラトゥストラの固定観念として彼の行動を支配し、神なき時代の彼の悲劇的言動を、悲劇のパロディにみせること

註

ニーチェの文書からの引用参照は、すべて次のテキストからである。Friedrich Nietzsche, *Sämtliche Werke Kritische Studienausgabe* in 15 Bänden, hrsg. von Giorgio Colli und Mazzino Montinari, dtv/de Gruyter, Berlin/New York, 1988.

引用参照箇所は、文中に著作名と章節を明記し、その著作が所収されている巻のページ数と行数を丸カッコに包んで示した。例えば、三三四頁の四行目から六行目のときは、（p.334 l.4-6）、となる。

1　もちろん詩形式の物語ではある。ニーチェが思想の表現としてフィクションを選んだ理由として、第一にニーチェがそもそもリアリズムの表現に批判的であったことが挙げられる。『悦ばしき知識』「第二書」「五七」でニーチェは次のように「リアリスト」を批判する。「情熱と空想に対して自分が武装されていると感じる」（p.421 l.4）「醒めた人間」（p.421 l.3）、すなわち自らを「リアリスト」（p.421 l.6）と名づける者たちはこうほのめかす。「世界は自分たちに現象するそうした状態で現実にある」（p.421 l.7）。しかしニーチェによれば、そうしたリアリストもまた、「きわめて情熱的ではっきりしない存在」（p.421 l.11）であり、「愛に夢中の芸術家」（p.421 l.12）に似ている。そうしたリアリストたちは、「以前の諸世紀の情熱と愛着のなかにその根源をもつ事物の評価」（p.421 l.14-16）を携行しているし、醒めていることのなかに「秘密の根絶しがたい酩酊」（p.421 l.17）がある。例えば、「「現実」への愛」（p.421 l.18）がそうである。「空想、先入見、無分別、無知、恐怖」がすでに「感覚」のなかにある（p.421 l.19-22）。「あそこのあの山！ あそこのあの雲！ あれに関するなにがいったい「現実的」だというのか？ そこから「幻想」とすべての人間的な付加物を剥ぎ取るなら！」（p.421 l.23-25）。「君たちの総体的な人間性と動物性を君たちが忘れられるなら！ われわれにとって「現実」は存在しないのだ―君たちにとってもまた」(p.422 l.1-4)。『悦ばしき知識』「たわむれ、たばかり、意趣ばらし」「五五」では、「リアリズムの画家」が次のように批判されている。「自然に忠実に、そして完全に！」(p.365 l.22)。「いつか自然が絵のなかに片付けられようか？ 世界の最小の部分でも無限である！」(p.365 l.23-24)。結局リアリズムの画家は「彼に気に入るもの」(p.365 l.25)、すなわち「彼が描くことのできるもの」(p.365 l.26)を描く。ニーチェが思想の表現としてフィクションを選んだ第二の理由として、劇詩がそのキャラクターの特徴を明確に把握するのに役立つことを、ニーチェが洞察していたことが挙げられる。『悦ばしき知識』「第二書」「七八」で、ニーチェは次のように述べている。劇場の芸術家にわれわれが感謝すべきことは、「日常的な人間すべてのそれぞれのなかに隠されている主人公の査定」(p.434 l.2-3)を教えてくれたこと、「いかに自分自身を主人公として遠方からいわば単純化しそして輝かせて注視することができるかという術(Kunst)」(p.434 l.4-5)を教えてくれたこと、「自分を自分自身の前で「舞台にかける」術」を教えてくれたことである(p.434 l.6)。この術によって「低次元なディテール」(p.434 l.7)を取り去る。この術がなければ、われわれは「表舞台」(p.434 l.8)においては無である、と。事物を舞台上のキャラクターとして見ることでそのキャラクターの特徴の枝葉を落として明確に把握するという観点は、『この人を見よ』という私語りの作品を構想した理由にもなっているといえる。私語りが私についての写実ではないことを、もちろんニーチェはわかっていた。彼は『悦ばしき知識』「第二書」「九一」で次のように述べている。アルフィエリ(Alfieri)は自伝で多くの嘘をついている。彼は「自分自身に対する専制政治」(p.447 l.9)を行った。つまり、「彼がついに見出したのは、崇高さの厳密な形式であり、そのなかに彼は彼の人生と彼の記憶を圧し入れた」(p.447 l.11-13)、と。さらにニーチェは、プラトンの真の伝記も、ルソーの自伝もダンテの『新生』も信用しないと言う(p.447 l.14-17)。われわれは『この人を見よ』をリアリズムに基づく純粋な自己表白とみなすべきではない。ニーチェが思想の表現としてフィクションを選んだ第三の理由は、自分の伝達したい思想の重苦しさから距離を取り、批判的立場をニーチェが維持したいということが挙げられる。『悦ばしき知識』「第四書」「二九九」で、ニーチェは次のように述べている。事物は「美しく、魅力的で、欲する価値がある」（p.538 l.10–11）というわけではないので、われわれは芸術家を見習うべきである（p.538 l.9–16）。芸術家は、事物を遠ざけて多くのことが見えないようにし、見るために多くのものをつけ加える（p.538 l.16–18）、見る角度を変える（p.538 l.19–20）、事物を遠近法的な見通しに並べる（p.538 l.20–21）、事物を色のついたものを通して見る（p.538 l.21–22）、完全には透視できない表皮を付与する（p.538 l.23–24）。しかし、そうしたことを「芸術が終わり、生活が始まるところ」（p.538 l.26–27）でも行いたいとニーチェは欲する。彼はこう述べる。「われわれはわれわれの生活の詩人になりたい。それも最初にもっとも小さなことともっとも日常的なことで」（p.538 l.27–28）、と。『悦ばしき知識』「第二書」「一〇七」では、ニーチェは次のように述べている。科学がわれわれに与えるものは、「認識しそして感覚する現存在の一つの制約としての妄想と誤謬への洞察」（p.464 l.13–14）である。しかしこれを「誠実」（p.464 l.15–16）に受け止めると「嘔吐と自殺」（p.464 l.16）という事態に至る。それを避けるために、われわれの誠実は、「仮象へのよき意志としての芸術」（p.464 l.19–20）という対抗力をもっている。「美的現象として現存在はいまだにわれわれに耐えられる。われわれ自身からそのような現象をつくることのできる目と手とそしてとりわけよい良心は、芸術を通じてわれわれにもたらされる」（p.464 l.23–25）。自分自身を突き放して吟味することで「われわれは暫時自分から休息を取らねばならない」（p.464 l.27–28）。そして自身に「道化」（p.464 l.31）を見出さねばならないし、われわれの「愚かさ」（p.464 l.32）を歓迎しなければならない。というのも、

「最後の根本においては重苦しくまじめな人間」（p.465 l.2–3）であるわれわれが、「事物に超然たる自由」（p.465 l.6–7）を失わないために。

2　『ツァラトゥストラはこう言った』の直前の著作『悦ばしき知識』第一版の最終部である「第四書」は、永遠回帰の説話（「三四一」）、『ツァラトゥストラはこう言った』の最初の節とほぼ同じ寓話（「三四二」）の順番で終っている。つまり、『悦ばしき知識』第一版は次回作『ツァラトゥストラはこう言った』の予告で終っている。『ツァラトゥストラはこう言った』が完成したのち、『悦ばしき知識』は、「第二版への序」と「第五書」が増補された第二版として完成し、その結果『悦ばしき知識』は、「第四書」と「第五書」のあいだに『ツァラトゥストラはこう言った』の最初の節を含む変則的な形式になり、いわば『ツァラトゥストラはこう言った』を内包する著作になった。

3　悲劇でありパロディでもあるという作品規定は、それの規定が古典文献学者ニーチェによる規定であるとき、きわめて不可解なものに思える。というのも、この規定は、『ツァラトゥストラはこう言った』が悲劇本編であり幕間劇パロディアであることを意味するからである。

4　ツァラトゥストラは身体を擁護する者であるが、昔からそうだったわけではない。『ツァラトゥストラはこう言った』第一部の「ツァラトゥストラの説話」の「背後世界論者たちについて」で、ツァラトゥストラは、自分がかつて考案し『ツァラトゥストラはこう言った』の物語の開始時にはすでに超克済みの哲学について述べている。その哲学によると、この世界は、苦悩している神が自分の苦悩から目をそらし自己喪失をするためにつくられたものである。つまりこの世界は、「苦悩し憔悴した神の作品」（p.35 l.3–4）、「ある神の夢」、「ある神の創作」（p.35 l.5）である。この哲学を―ニーチェの最初の著作『悲劇の誕生』で展開された芸術家の形而上学を思わせるこの哲学を―、ツァラトゥストラは今では批判する立場にある。彼はすでにこの哲学を超克し、そのかつての自分の「灰」をもって山の洞窟にこもった（p.35 l.24–p.36 l.1）。それはおそらく『ツァラトゥストラはこう言った』の物語開始の十年前に起きた出来事と推測できるバックストーリー（p.11 l.5–6, p.12 l.17–20）—主人公ツァラトゥストラが物語開始時にすでに担っているバックストーリーである。ツァラトゥストラは、このかつての自分の哲学を背後世界の教説の一例として挙げている。背後世界の教説とは、その教説を説く者が自分の妄想を「人間の彼岸」に投じたものである（p.35 l.2–4, l.7–8）。しかし、ツァラトゥストラの見方では、本当のところ神とは、彼岸の存在ではなく、「人間の作品」「人間の狂気」である（p.35 l.19–20）。ツァラトゥストラはこう述べる。「神は人間であった。そして人間と自我の貧しい一部にすぎなかった」（p.35 l.21）。それは「幽霊」のようなものである（p.35 l.22）。「それは彼岸から私にやって来たのではないのだ！」（p.35 l.23）。では、なぜ作品としての神を人間は自己投影的につくったのか。人間をそうした創作活動に駆り立てたのはなにか。ツァラトゥストラはこう述べる。「苦悩と無能力であった—それがすべての背後世界を創造した」（p.36 l.6）、と。そしてもちろん、苦悩する「自己」の本体は、「精神」ではなく「身体」である。身体自身が「身体に絶望し」（p.36 l.12–13）、「大地に絶望し」（p.36 l.15–16）、「あの世」に超え出ようとする（p.36 l.17–18）。「背後世界論者たちについて」でツァラトゥストラが弟子たちに教えたいのは、身体と、ツァラトゥストラが「大地」と呼ぶこの世界とを直視しようと意志すること、つまり、「人間が盲目的に歩んだ道を意欲し、その道を是認し、病人と壊死する者のようにその道からこっそり脇に出ない」（p.37 l.4–7）ことである。だからツァラトゥストラは、背後世界を妄想する病人が「回復しつつある者」「超克しつつある者」（p.37 l.20–21）になるようにと願い、「健康な肉体の声」（p.38 l.7–8）に耳を傾けるようにと命令するのである。

5

とはいえ、『悦ばしき知識』「第三書」「一〇九」では、ニーチェは有機体論的な自然主義を批判している。彼は次のように述べている。「世界が生きている存在であると考えることに用心しよう」(p.467 l.11–12)。「万象を有機体と呼ぶ」者は、「地殻のうえでのみ知覚するいいようもなく派生的なもの、末期的なもの、珍しいもの、偶然的なものを、本質的なもの、一般的なもの、永遠のものに解釈しかえる」(p.467 l.15–18)、と。即座にニーチェは次のように続けて、機械論的な世界把握も批判する。「万象は機械であると信じることに用心しよう」(p.467 l.19–20)。万象は「一つの目標のうえに構築されていないことは確実だ」(p.467 l.20)、と。そして結局彼は、あらゆる形式、秩序が人間の介在なしに存在することを次のように否定するのだ。「われわれの近隣の星の周期的な運動のようにとても形式の整ったものを、総じていたるところに前提することに用心しよう」(p.467 l.22–24)。「われわれがそのなかで生きている星の秩序は例外である」(p.468 l.3–4)。この例外が持続することで、「例外の例外」(p.468 l.5–6)である「有機的なものの形成」(p.468 l.6)が可能となる、と。むしろニーチェは、世界があらゆる人間的な形式、秩序を欠いた「カオス」であると考えている。彼はこう述べている。「それに対して、世界の総体的な性格は永遠にカオスである。必然が欠けているという意味ではなく、秩序、区分、形式、美しさ、賢明さ、そしてわれわれの美的な人間性という様態が欠けているという意味でである」(p.468 l.6–10)。世界では「失敗した投擲」(p.468 l.11)が通例であるが、その言葉も非難されるべき「人間化」(p.468 l.15)である。万象は「人間を模倣しようとはまったくしていない」(p.468 l.19–20)。万象は「われわれの美的判断と道徳的判断のなに一つによってもまったく的確にとらえられない」(p.468 l.20–22)。万象は「自己保存衝動」(p.468 l.22)をもたず、総じて「衝動」(p.468 l.23)をもたない。「自然のなかに法則が存在すると言うのに用心しよう。ただ必然性のみが存在する」(p.468 l.23–25)。命令する者、服従する者、違反する者もいない（p.468 l.25–26）。ニーチェはこうした世界が偶然の世界と呼ばれることさえ批判して次のように述べる。「目的が存在しないと知るなら、君はまた偶然も存在しないと知る。というのも、目的の世界と並んでのみ「偶然」という言葉は意味をもつから」（p.468 l.26–28）、と。ニーチェの自然主義批判は、有機体論的な世界観と原子論的な世界観の両方を含む。ニーチェによれば、生と死は対立するものではなく、「生きているものは死んだものの一種にすぎない」（p.468 l.30）。しかし、物質もまた、「エレア派の神と同様の誤謬である」（p.468 l.32–33）。ニーチェは、「こうした神の影すべて」（p.469 l.1）がなくなるのはいつか、と嘆く。彼はこう述べる。「いつわれわれは完全に神性を剥奪された自然をもつのだろうか！」（p.469 l.2）。「いつわれわれは、純粋で、新たに見出され新たに救済された自然によって、人間を自然化するのを始めてもよいのだろうか！」（p.469 l.2–4）。『悦ばしき知識』「第四書」「三〇一」でも、ニーチェは世界が人間化されていることを指摘している。彼は次のように述べている。「人間性の高みへと成長していく者にとって、世界は常に豊かになる」（p.539 l.33–34）。低次の動物と高次の動物、動物と人間、低次の人間と高次の人間では、後者のほうが「いっそう多く見て聞いて考えながら見て聞く」（p.539 l.30）。高次の人間は、「観客と聴衆」（p.540 l.6）だと自分のことをみなし、「自分の本性を瞑想的だとみなす」（p.540 l.8）。しかし彼は「彼自身がまた人生の本来の詩人でありさらなる詩人であること」を見落とす（p.540 l.9–10）。「思考し感覚する者」（p.540 l.17）が、「まだそこにないもの」（p.540 l.18–19）を、すなわち「評価、色、重さ、パースペクティブ、段梯子、肯定、否定の全体的に永遠に成長する世界」（p.540 l.19–21）をつくる。「現今の世界のなかでもっぱら価値をもつものは、価値をそれ自体として、その自然によってもつのではない―自然は常に価値がない―。そうではなくて、自然に人がかつて価値を付与したのだ、贈ったのだ。そしてわれわれがこの付与者、贈与者であったのだ！

われわれが初めて、人間にかかわりのある世界を創造したのだ！」(p.540 l.24-29)。

6 註1参照。

7 ツァラトゥストラは自分を過去の救済者と自己規定する。しかし、『ツァラトゥストラはこう言った』の物語では、彼自身がそうした救済者として自己完成するために彼自身が救済されるのを待つ段階に留まっている。彼はこう述べる。「今や私が私の救済を待っている」(p.249 l.8)。ではなぜ彼は救済を待つのか。それは彼が「太陽のように没したい」(p.249 l.19) と欲しているからである。彼は人間たちへの最後の説教のために、山をおりたいのである (p.249 l.10-12)。

8 次の文言を参照。「『権力への意志』であるところの意志はすべての和解よりもいっそう高いものを欲しなければならない」(p.181 l.27-28)。

9 多様としての自己はどのような現象となるか。『悦ばしき知識』「第四書」「二九五」でニーチェは、「私は短い習慣を愛する」(p.535 l.12-13) と述べている。彼は次のように語る。常に、「短い習慣が持続的に私を満足させるだろう」(p.535 l.19-20) と思うが、その習慣も去る日が来る (p.535 l.26-30)。そしてすぐに「新しいもの」(p.535 l.30) がやってくるのだ。以前のものと同じ信仰とともに。すなわち、「この新しいものは正しい、最後的に正しい」(p.535 l.32) という信仰である、と。ニーチェによれば、彼の「食事、思想、人間、都市、詩歌、音楽、教説、議事日程、生活様式」(p.536 l.1-2) は、この短い習慣のように営まれる。「私は持続する習慣を嫌う」(p.536 l.3) とニーチェは端的に述べる。しかし、彼にとって、もっとも耐えがたく恐ろしいものは、「習慣がまったくない生活」(p.536 l.15) である。ニーチェは、彼を構成する諸要素の闘争が休止している状態である長い習慣も、その闘争から勝利者がまったく出現しない状態である習慣のなさも嫌うのである。『悦ばしき知識』「第四書」「三〇七」では、次のように述べている。「以前に君が真理あるいは本当らしきものとして愛したものが、今は君に誤謬と思われる」(p.544 l.26–28)。「おそらく当時あの誤謬は、君がまだ他の者であったとき—君は常に他の者である—、君の現今の「真理」すべてと同様に君にとって必然的であった」(p.544 l.29–32)。ここで「必然的である」とは、以前の真理には「君がまだ見ることを許されないもの」(p.545 l.1–2)を覆い隠す役目があったということを意味している。ニーチェは次のように続ける。「君の新しい生があの意見を君のために葬ったのであり、君の理性がそうしたのではない」(p.545 l.2–3)。「われわれのなかの生き生きと駆動した力」(p.545 l.7–8)が古い真理を捨てたのだ。「われわれは否定する、否定しなければならない。というのも、なにものかがわれわれのなかに生きており、自身を肯定しようとするからである。なにものか、それはわれわれがおそらくまだ知らず、まだ見ていないものである！」(p.545 l.8–11)、と。ニーチェの高く評価する「批判」とは、こうした自己超克のなかで行われる否定である。

10　ツァラトゥストラはこう言い放つ。「すべての時代が君たちの精神のなかで互いに反目してしゃべっている。そして、すべての時代の夢とおしゃべりのほうが君たちの覚醒よりもなお現実的であった」(p.154 l.25–27)。

11　ニーチェ＝ツァラトゥストラの多様性への高評価は、一旦集合を個に分離したあとでの、価値づけによる再統合を底意にもつ場合がある。例えば、『ツァラトゥストラはこういった』において、「人間は超克されねばならないなにものかである」(p.249 l.26–27)が、「さまざまな克服の道と仕方が存在する」(p.249 l.28)ので、「君の隣人たちのなかにおいてなおも君自身を超克せよ」(p.250 l.1)と述べているときは、個別化、多様化を勧めているだけである。しかし、ツァラトゥストラの弟子たちへの対応はそうではない。「まだら牛」での弟子たちとの別離の際に、ツァラトゥストラはこう宣言する。「今や私は行く、私の弟子たちよ！君たちもまた今や去れ、一人で！私はそう欲する」（p.101 l.11-12）。「至福の島々」での弟子たちへのツァラトゥストラの希望は、「それぞれが独力で孤独に立つ」（p.204 l.12-13）ことである。このように一旦弟子たちの集団を個に分離したあと、彼は一人立ちした弟子たちそれぞれを「試験」（p.204 l.19）するつもりでいる。「私の種と血筋」（p.204 l.20-21）であるか、彼と「ともに創造する者」（p.204 l.24）であるかを。ニーチェ＝ツァラトゥストラには、個が独立し多様になった集合をそのまま受け入れる寛容さはしっくりこない。ニーチェ＝ツァラトゥストラがその個性を発揮するのは、例えば、「すべての者にとっての善、すべての者にとっての悪」（p.243 l.27）と言う重力の精神に、「これは私の善と悪だ」（p.243 l.25）と言うときである。ツァラトゥストラにとって、なんでも受け入れるのは「ブタの方法」（p.244 l.2）であり、なんにでも「イー・アー」と言うのは「ロバ」（p.244 l.2）の対応である。「私の趣味」（p.244 l.4-5）が大切であり、さまざまなものを試みたあとで「これが今私の趣味である」（p.244 l.11）と答えることを学ぶべきだと彼は述べる（p.245 l.6-11）。「よい趣味でもなく悪い趣味でもなく、私の趣味である。それを私はもはや恥じも隠しもしない」（p.245 l.12-13）と彼は公言し、「これが―今私の道である―君たちの道はどこか？」（p.245 l.14）と問う。また、「タランチュラについて」では彼はこう述べている。人間たちは、「千の橋と小橋」（p.130 l.14）で未来に押し進むべきであり、より多くの「戦争と不平等」（p.130 l.15）が人間たちのあいだにあるべきである。人間たちは、戦いに用いる「像と幽霊の発明者」（p.130 l.17）である。「善と悪、富裕と貧乏、高貴と卑賤、そして諸価値のすべての名前、それは武器であるべきだ。生自身が繰り返し自身を超克しなければならないことについてのカチャカチャ音を立てる徴表であるべきだ！」（p.130 l.20-23）。こうした戦いの比喩を用いるとき、ニーチェ＝ツァラトゥストラの多様性への高評価は、さまざまなタイプの強敵を打ち倒し強くなっていく少年漫画のヒーローの哲学を思わせる。この哲学が求めているのは、新しい敵が常に登場することなのだろう。『悦ばしき知識』「第四書」「二八九」では、新しいものに惹かれる青年の哲学が展開されていて、それは戦うヒーローの少年哲学よりも洗練されている。ニーチェは次のように述べている。「悪人、不幸な者、例外的人間もまた自分の哲学、自分のよい権利、自分の太陽光線をもつべきだ！」（p.529 l.26–28）。そうした者には「新しい正義が必要だ！ 新しい解決！ 新しい哲学者が！」（p.530 l.1–2）。「さらに一つの別の世界が発見されねばならない—そして一つよりももっと多くの！」（p.530 l.5–6）。さらに、同書の「三二〇」では次のように述べている。「私は探し求める者ではない。私は私のために自分自身の太陽を創造したい」（p.551 l.24–25）。

12 『ツァラトゥストラはこう言った』第三部「新旧の諸板について」「二五」にも「新しい民族」についての言及がある（p.265 l.5–6）。

13 自己は未来の創造のための実験場となる。『悦ばしき知識』「第四書」「三一九」でニーチェは次のように述べている。「理性に反する事物への渇望」（p.551 l.8–9）をもつ奇跡的体験にルーズな人々、「宗教の開祖」（p.550 l.31）、「天使の声」（p.551 l.11）を聞く者たちと「われわれ」は異なる。「理性を渇望する者」（p.551 l.12）である「われわれ」は「われわれの体験を科学的実験（Versuch）のように、一刻一刻、一日一日、厳しく直視したい！ われわれ自身がわれわれの実験（Experiment）と試み（Versuch）の動物であろうとするのだ」（p.551 l.12–15）、と。『悦ばしき知識』「第四書」「三二四」には次のような主張がある。「人生が認識する者の実験であってもよいというあの思想」（p.552 l.26–27）が訪れて以来、私は年々人生が「いっそう真であり、いっそう欲する価値があり、いっそう謎に満ちる」（p.552 l.24–25）ことを見出す。「人生は認識の手段」（p.553 l.4–5）であるという原則を抱くことで、「勇敢で」（p.553 l.6）

あるだけではなく「悦ばしく生きそして悦ばしく笑う」（p.553 l.7）ことができる、と。こうした意見を要約すると、ニーチェの言う「実験」は自分の体験の観察である。実験において、啓示的な体験と、その体験を含めた体験一般の観察とが両立しているところが注目に値する（『この人を見よ』の語り手「私」の人物規定を念頭に置いている）。

14

ニーチェはさらにこう続ける。われわれの「意識」にやってくるのは、「この長い過程の最後の和解の場面と結論的な決算のみ」（p.559 l.3-5）である。長い間「意識的思考」が「思考一般」とみなされてきたが（p.559 l.9-10）、ようやく今、「われわれの精神的作用の大部分はわれわれに意識されずに、感じられずに進むという真理」（p.559 l.10-12）が、われわれにわかってきたのである。したがって、『悦ばしき知識』「第一書」「一一」で述べられているように、「意識性は有機的なもののもっとも終わりのもっとも遅れた発展であり、したがってまたそのもっとも未完成のもの、もっとも無力なものである」（p.382 l.18-20）。本能のおかげで動物も人間も生きているのであり（p.382 l.23-29）、意識に頼っていたら「人類は滅亡しなければならなかろう」（p.382 l.27-28）。意識を「人間の核」（p.382 l.33）、「有機体の統一」（p.383 l.3）とみなすのは「意識についての笑うべき過大評価と誤認」（p.383 l.3-4）である。「知を同化し本能化すること」が新しく人間に現れている課題である（p.383 l.11-12）。『悦ばしき知識』「第三書」「一一〇」では、こう述べられている。「認識はまた生自身の一部となった。そして生としてさらに成長する権力になった。結局、認識とあの太古の根本誤謬は互いにぶつかり合う。ともに生として、ともに権力として、ともに同一の人間のなかで」（p.471 l.6-10）。ニーチェによれば、そのなかで戦いの行われている戦場としての人間のなかで、「生の制約に関する最後の問い」（p.471 l.15-16）が立てられ、「この問いに実験によって答える」「第一の試み」（p.471 l.16-17）が行われている。この問いとは、「どの程度まで真理は体現に耐えるか」（p.471 l.17–18）である。

15 この意志は、和解以上を目指す「権力への意志」であると解しうる（p.181 l.27–28）。

16 ツァラトゥストラは、意志によって偶然を支配すること（p.215 l.25–p.216 l.5）について語っている。また彼は、「最高の種である者は、最多の寄生物を養う」（p.261 l.10–11）と語る。最高の種の者とは、「もっとも広く自分のなかを走り、さまよい、さすらうことのできるもっとも包括的な魂の者」（p.261 l.15–16）であり、「自分自身から逃走し、もっとも広い円で自分自身に追いつく者」（p.261 l.20–21）である。

17 本書所収の「関係的思想としての「永遠回帰」の定式化の試み」を参照。

18 帰郷中の航海四日目の午後（p.203 l.2, l.9）に語られた。

19 永遠回帰との対峙は、イメージとしては、ツァラトゥストラののどに噛みついた「ヘビ」を彼が噛み切り吐き出すことで決着がつく。「ヘビ」の内容は、嫌悪すべき人間の永遠回帰である。彼はこう述べている。「人間が永遠に回帰する、おまえが飽き飽きしている人間、小さな人間が」（p.274 l.18–19）、「人間が永遠に回帰する！ 小さい人間が永遠に回帰する！」（p.274 l.27–28）、「最小の者の永遠回帰！―これがすべての現に在るものに関する私の倦怠であった！」（p.274 l.33–34）、と。ここで「小さい人間」というのは、人間一般のことであり、善においても悪においても人間はスケールが小さいことからそう呼ばれている。ツァラトゥストラは次のように希望を述べている。「人間はより善く、そしてより悪くならねばならない」（p.274 l.5–6）。「予言者」で、ツァラトゥストラは次のような予言者の意見を深刻に受け止めていることを参照。「すべては空である。すべては同じだ。すべてはすでにあったのだ」（p.172 l.4–5）。

20 『悦ばしき知識』「第四書」「二九〇」で、ニーチェは次のように述べている。「自分の性格に「様式（Stil）

を与える」―偉大で稀有な芸術である」（p.530 l.9–10）。自然にある諸性質は、それらになにかが付け加えられたり省かれたり、背景に下げられたりすることで、「芸術的な計画」（p.530 l.11）にはめ込まれる（p.530 l.10–19）。「ついに作品が完成したとき、大なり小なり支配し形成してきたものが、いかに同一の趣味の強制であったかが明らかになる」（p.530 l.20–22）。その趣味がよい趣味か悪い趣味かは人が考えるよりも重要ではない―それが一つの趣味であれば十分である！」（p.530 l.22–24）、と。こうしたニーチェの主張からみるとき、ツァラトゥストラの物語は、同一の趣味の強制的支配によって様式を自己に確立していく物語である。

21

『悦ばしき知識』「第二書」「五八」において、ニーチェのこれまでの、そして現在の骨折りは、「事物がなんであるかよりも、事物がどのように呼ばれるかのほうが言いようもなく重要であることを洞察すること」（p.422 l.11–12）である。「評判、名前、外観、効果、分量、重量」（p.422 l.12–13）という事物の本質とは疎遠な「誤謬と恣意」（p.422 l.14）が、「それに対する信仰と世代から世代へのその増大」（p.422 l.16–17）によって、「いわば癒合し、根づき」（p.422 l.18）、その事物の「身体そのもの」（p.422 l.19）となる。「始まりは仮象であるものが、最後にはほとんど常に本質となり、そして本質として作用する！」（p.422 l.19–20）。「本質的だと通用している世界、いわゆる「現実」を全滅させるためには、こうした根源、思い込みのこうした霧のおおいを指摘することで十分である」（p.422 l.21–24）と思うのは愚かだとニーチェは言う。「ただ創造者としてのみ、われわれは全滅させることができる！」（p.422 l.24）。創造されるのは、つまり新しい「誤謬と恣意」である。「長期的に新しい「事物」を創造するためには、新しい名前と評価と蓋然性を創造することで十分である」（p.422 l.25–27）。すると「永遠回帰」という名前があり、それには一定の評価が付与され、それが蓋然的であること、つまりありうることをニーチェが提起できれば、あとは長い期間このアイデアが忘れられずにいることで、永遠回帰という性質が時間に内在することになる。『悦ばしき知識』「第三書」「二六一」では、独創性とは、「すべての者の目の前にあるにもかかわらず、名前をもたず、名づけられることのできないものを見ること」（p.517 l.22–24）であるとニーチェは述べている。事物を可視的にするのは名前（p.517 l.24–25）であり、「独創的な者は大抵また命名者であった」（p.517 l.26）。『ツァラトゥストラはこう言った』における永遠回帰思想の扱いをみていると、ニーチェの目標は、右に述べている過程を経て、永遠回帰思想を、『悦ばしき知識』「第三書」「二六五」で述べられている「人間の論破不可能な誤謬」（p.518 l.18–19）である「人間の真理」（p.518 l.17–18）にすることのように思えてくる。

22　第四部「覚醒」の「二」と「ロバ祭り」を参照。

（　　　　　　　　　　　　　　）題

（　　　　　　　　　　　　　　　　　　　　　　　　　　　　　　　）題

1	2
3	4
5	6
7	8
9	10
11	12
13	14
15	16
17	18
19	20

1	2
3	4
5	6
7	8
9	10
11	12
13	14
15	16
17	18
19	20

1			
2			
3			
4			
5			
6			
7			
8			
9			
10			
11			
12			
13			
14			
15			

著者紹介

溝口　隆一

1968年生まれ
同志社大学大学院文学研究科博士課程後期単位取得退学　博士（哲学）
徳島文理大学保健福祉学部　教授

著書
現代教育学のフロンティア（世界思想社、2003年）分担執筆
現代哲学の真理論（世界思想社、2009年）分担執筆
ニーチェｂ（ふくろう出版、2012年）
ニーチェｌ（ふくろう出版、2014年）
ニーチェ＋（ふくろう出版、2016年）編著

ニーチェ e

2019 年 4 月 15 日　初版発行
2021 年 3 月 20 日　第 2 刷発行

著　者　溝口　隆一

発　行　ふくろう出版
〒700-0035　岡山市北区高柳西町 1-23
友野印刷ビル
TEL：086-255-2181
FAX：086-255-6324
http://www.296.jp
e-mail：info@296.jp
振替　01310-8-95147

印刷・製本　友野印刷株式会社

ISBN978-4-86186-749-1 C3011